奇妙知识面对面

带着你去好好玩儿

张康 编绘

浙江人民美术出版社

写在前面的话

在孩子们的眼中，世界的一切都是新奇的：每一片树叶的背后、每一块石头的下面、每一朵白云的上面，似乎都隐藏着许多神奇的秘密——

"世界上到底有多少种动物？"

"宇宙到底有没有尽头？"

"人类可以建造像珠穆朗玛峰一样高的楼房吗？"

"如何发明一辆会飞的汽车？这样真的就不会堵车了吗？"

"机器人真的会统治人类吗？"

……

孩子拥有的这种打破砂锅问到底的精神，是多么可贵，绝不应该被忽略：当一个人不再对这个世界抱有好奇心的时候，并不意味着他长大了，而只能说明他的心在

缓缓地变老，他的精神在慢慢地枯萎。这又是一件多么可怕的事情啊！

当你打开这套书的时候，别怪我没有提醒你——那美如画的自然杰作；那蕴藏着无数宝藏的神秘海洋；那让人大开眼界的奇特动物；那常人不可企及的极端纪录；那改变世界的奇妙发明；那永留人心间的伟大瞬间……这个世界每天都在上演奇迹并创造新的历史，这一切无不让你目瞪口呆、啧啧称奇。

不断进步的科学技术将带领孩子们更好地认识世界，增强他们探索未知领域的信心与勇气。来吧，所有好奇心十足的孩子，让我们从这里启程，踏上奇妙无比的求知之旅！

目录 CONTENTS

中国:"人间仙境"九寨沟 /2
韩国:再现摩西奇迹 /6
新加坡:垃圾处理有妙招 /10
印度:人蛇共舞 /14
日本:少有垃圾桶的地方 /18
泰国:大象的国度 /22
缅甸:佛塔林立的地方 /26
印度尼西亚:这里有数不清的岛屿 /30
马尔代夫:印度洋上的宝石 /34

斯里兰卡:奇树集结地 /38
阿联酋:沙漠中的奇迹城 /42
蒙古:马粪能当柴火烧 /46
英国:脚踩东西半球 /50
德国:汽车工业大国 /54
比利时:一个小男孩救了一座城 /58
意大利:街道恰似博物馆 /62
荷兰:与水交融的世界 /66
希腊:奥运会的发源地 /70

瑞士：充满趣味的洋葱节 /74

芬兰：边开会边蒸桑拿 /78

丹麦：小美人鱼的故乡 /82

奥地利：世界艺术之都 /86

马耳他：石头像豆腐 /90

美国：最后的那一颗星 /94

巴西：美丽而疯狂的城市 /98

智利：满是"巨人像"的小岛 /102

墨西哥：玛雅人曾经居住的地方 /106

哥伦比亚：蚂蚁也可口 /110

埃及：连接三大洲的运河 /114

埃塞俄比亚：没有门牌号码 /118

南非：进公园要签"生死状" /122

尼日利亚：独特的祖玛岩 /126

加纳：凳子是个宝 /130

摩洛哥：餐餐不离茶 /134

塞舌尔：生物"伊甸园" /138

澳大利亚：美丽的海底花园 /142

新西兰：友好的碰鼻礼 /146

一起勇攀科学高峰！

快让你的大脑

动起来吧！

中国:
"人间仙境"九寨沟

中国幅员辽阔,从茫茫大漠到烟雨江南,从高山之巅到海底世界,到处可以寻见各色风景。而我们的旅程,就从"人间仙境"九寨沟开始吧。

九寨沟自然保护区位于中国四川省岷山山脉南麓,面积约6.5万公顷。九寨沟是大自然的杰作,众多的湖泊、瀑布、森林构成了一幅如梦如幻的画卷。

九寨沟的地下水富含碳酸钙,湖底、湖堤、湖畔均可见结晶型的白色碳酸钙;来自雪山、森林的泉水异常洁净,加上梯形湖泊的层层过滤,水体愈加透明,能见度高达20米。

在狭长的山沟谷地中,色彩斑斓、水平如镜的100多个湖泊散布其间,泉、瀑、河、滩将无数碧蓝澄澈的湖泊连缀成一体。其中最有名的要数五花海,其湖水呈现出蓝、绿、黄多种颜色;清澈的湖水中生长着各种水生植物,这些植

物在阳光的照射下,会呈现出不同的颜色,更为湖水增添了不同的色彩。

九寨沟还有雄奇壮观的山峰。从诺日朗瀑布观景台眺望,你会看到群山连绵起伏。这些山峰形态各异,有的像巨大的金字塔,有的像矗立的巨人。在这些山峰之间,一条条飞瀑直流而下,如巨龙天降,如骏马奔腾,声势浩大。

除了美丽的自然风光,九寨沟还有着丰富的藏羌文化。在这里你可以看到传统的藏族建筑和美丽的羌族服饰,还能与当地人一起品尝地道的藏羌美食,感受浓厚的民族文化气息。

随着季节的变换,九寨沟会呈现出不同的风情,让每一个来到这里的人流连。九寨沟的美,是自然的馈赠,更是人与自然和谐相处的典范。

更多想知道

万里长城

春秋战国时，各国为了互相防守，各自在形势险要的地方修筑长城，后历朝历代不断修缮、增筑。我们今天看到的长城多是明朝修建的长城，它东起鸭绿江，西抵嘉峪关，全长逾7000千米。

古代，在交通运输工具十分落后的情况下，修建规模如此巨大的工程，实在是一件了不起的事。有人计算得出，如果把明长城所用的砖、石和土方，筑成一道2米厚、4米高的围墙，那么它可以环绕地球1周呢。长城气势雄伟，是世界历史上最伟大的建筑工程之一。

黄山归来不看岳

黄山位于中国安徽省南部的黄山市，是中国著名的风景区之一。黄山集泰山之雄伟、华山之险峻、峨眉山之清秀于一身，兼有衡山之烟云、庐山之飞瀑和雁荡山之巧石，以"奇松、怪石、云海、温泉"名冠天下，自古以来就有"五岳

归来不看山,黄山归来不看岳"的说法。

黄山的四季景色各异,日出、晚霞、华彩、雾凇等景观各有风味,真可谓人间仙境。而这些美景也使无数文人、画家陶醉其中,从盛唐到晚清的1200多年间,仅流传于世的赞美黄山的诗歌、词曲、文赋等就有2万多首(篇)。

"最美调色板"——喀纳斯湖

喀纳斯湖位于中国新疆的阿勒泰地区,是一个充满神秘色彩的高山湖泊。喀纳斯湖水面平静如镜,湖水颜色随着季节和天气的变化而变换:或碧绿,或黛绿,或湛蓝,浓淡相宜。它是有名的变色湖。这里还生存着许多珍稀的野生动物,如雪豹、北山羊等。人与动物、自然和谐相处,也成了一道绝美的风景。

哎呀,中国的人文、自然美景真是太多了,其他的就留给你自己去探索吧!

韩国：
再现摩西奇迹

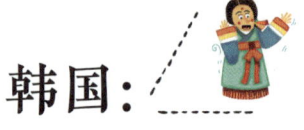

如果你在合适的时间来到韩国的珍岛郡，便有可能目睹一种非常神奇的现象。

珍岛是珍岛郡里最大的岛，位于韩国西南部。在珍岛与茅岛之间的海水中，有一条自然形成的海路：当涨潮或退潮落差较小时，海路隐于水下；当退潮落差较大、海水变浅时，海路就会露出水面。这时，期待已久的游客们便会竞相踏上这条神奇的海路，感受大自然的神奇。

大约在每年农历2月末、3月初和6月中旬的时候，珍岛与茅岛之间有两三天潮水落差最大，在那几天，海上便会出现一条长约2.8千米、宽约40米的海路，就像将大海一隔为二。海路每次出现的时间仅持续1个小时左右。

1975年，法国驻韩国大使皮埃尔·兰德去珍岛考察，刚好遇到海路出现。他目睹奇观，感叹道："这真是韩国版的'摩西奇迹'啊！"

原来，关于先知摩西，在书中有这样一段记载：摩西带领追随者，前有红海阻挡，后有追兵逼近，在生死关头，神吩咐摩西向红海挥动手杖，结果海水分开，出现了一条神奇的海路，摩西才得以化险为夷。

回国后，皮埃尔·兰德在报上发表了珍岛之旅的观感。于是，韩国版"摩西奇迹"声名远播。

珍岛郡每年都会举办"神奇海路节"，以此吸引世界各地的游客前来观看大自然奇迹。随着潮水退尽，一条蜿蜒的海路出现在人们面前，从珍岛一直通往茅岛。游客们穿着彩色的雨靴争相踏上海路。一时间，海路上人头攒动，热闹非凡。

泡菜不可缺

韩国人的一日三餐几乎都离不开泡菜。韩国的泡菜种类繁多，除了常见的白菜、黄瓜、萝卜等蔬菜类泡菜，还有肉类和海鲜类泡菜。

对韩国人来说，没有泡菜的生活是不可想象的。如果向韩国人问起关于泡菜的看法，很多人可能会这样回答："我们就好像是在泡菜坛子里长大的，泡菜是我们传统饮食文化的重要组成部分。"

环保小妙招

韩国人特别注重环保。在韩国的傍晚时分，某些街道的路灯不是每盏都亮的，而是隔一盏亮一盏，只有当天色完全暗下来时，所有的路灯才会一同亮起。

为了节约木材，韩国人制作牙签的原料常用薯类的淀粉或者绿豆粉。这种牙签软硬适度，不易伤到牙龈，剔牙时就算不小心吞进肚子里也可被消化。因此，如果你在韩国餐馆吃饭，碰巧看见一个人剔完牙后把牙签嚼碎、吞进肚子里，也不要太惊讶。

白色祝福

韩国人会过韩国春节，他们也会在春节贴春联，春联上面也是用汉字写的吉祥话。不过，韩国的春联可不是红色的，而是白色的。在韩国，春节期间走亲访友、送上祝福也是必不可少的。走亲戚时除了带上各种礼物，韩国人还要准备"红包"。你可能已经猜到了——对，韩国的"红包"也是白色的。

石头爷爷

韩国最大的岛屿是济州岛，岛上盛产一种黑灰色的火山石，用它雕刻成的"守护神"被当地人亲切地称作"石头爷爷"。据说，人们只要摸摸石头爷爷的鼻子将来就会子孙绕膝，只要摸摸石头爷爷的肚子和手将来就会获得幸福。因此，韩国情侣结婚后，通常要到济州岛拜石头爷爷，祈求多子多福。

新加坡：
垃圾处理有妙招

如果你问新加坡最独特的"特产"是什么，那一定是阳光。1972年，新加坡旅游局局长写了一份报告给当时的新加坡总理李光耀，报告上说："新加坡既不像埃及有金字塔，也不像中国有万里长城，除了一年四季的阳光直射就再也没有什么了。"李光耀批示说："有阳光就足够了。"

于是，新加坡人利用一年四季充足的阳光种植花草，使新加坡在很短的时间内就发展成了世界著名的"花园城市"。再加上在环保方面的突出成绩，新加坡成为游客钟爱的旅游胜地。如果你想知道新加坡究竟整洁到了什么程度，不妨去它的垃圾填埋场看看。对，你没听错，就是垃圾填埋场！

新加坡有一座西马考岛（在马来语中叫红树林岛），这

是一座耗时8年建成的人工岛，新加坡全国的垃圾都被运往该岛进行处理。与人们印象中的臭气熏天的垃圾场不同，这里竟然是一个蓝天碧水、鸟语花香的美丽小岛。岛上还生活着很多罕见的动植物，并因此吸引了许多生态旅游者。

西马考岛上建有11个巨大的相互连接的海湾单元，人们将单元里的海水抽干，然后铺好一层厚厚的塑料膜，这样做的目的是密封垃圾、防止泄漏。掩埋的垃圾包括无法回收且不宜燃烧的废弃物，每个月都会有专人从各单元周围的海水中取样进行检测，以防止垃圾泄漏造成海水污染。

目前，有4个单元因为填埋物已高出海平面2米而被弃用，人们在上面铺上泥土、撒下草籽。慢慢地，在水、阳光、鸟儿的帮助下，草籽发芽长出绿草，有的地方竟还长出了树木！工作人员说："我们种了草，但没有栽树，这是鸟儿送来的礼物。""垃圾山"变成了被绿色覆盖的美丽小岛，鸟儿在此筑巢，海豚、绿海龟在海中嬉戏，海星、海蜗牛等更是被退潮送上岸"玩耍"。

自2005年7月，新加坡政府允许西马考岛对旅游团开放，如今这里已成为新加坡旅游的新热点。

更多想知道

没有狮子的"狮子城"

在马来语中,"新加坡"的意思是"狮子城",但新加坡并不产狮子啊,为什么会叫这样的名字呢?

相传,公元1150年前后,一位王子乘船来到这里,下船时他突然看见一头大怪兽一闪而过。王子问那是什么动物,随从便用当地语言回答道:"这是'singa'(意思是狮子,但其实那头怪兽可能是一只老虎)。"王子认为狮子是一种既勇猛又吉祥的动物,而偶遇狮子是一个好兆头,于是便决定留下来,并将这个地方称作"新加坡"。

依法治国

初到新加坡,你可能会感叹这里的法律条文太详尽、严厉了。例如,如果有人在马路上随意丢弃垃圾、在公共场所吸烟或吐痰是要被罚款的。如果有人多次违法,可能会被罚服3~12小时的劳役。新加坡还严禁制造、进口、销售口香糖。所以，在新加坡的大街小巷，几乎见不到任何痰迹、纸屑，吸烟者更是近乎绝迹。

曾经有一个美国少年因为在新加坡的街道上乱涂乱画而被处以鞭刑，为此还引发了外交谈判。美国人认为，鞭打青少年是一种野蛮的行为；而新加坡人认为，依照法律，乱涂乱画这种行为应该接受处罚。

穿着拖鞋四处行

可能是因为新加坡炎热多雨，新加坡人特别喜欢穿拖鞋，也形成了独特的"拖鞋文化"。在新加坡，不管是豪华的酒店、高级的购物中心、国家图书馆、国家会展中心，还是大学校园、办公室，只要不是有规定的场合，人们都可以穿着拖鞋进出。

印度：
人蛇共舞

在印度，有蛇庙、蛇村、蛇舞、蛇船赛，每年还有"蛇节"。在印度人眼中，蛇通人性。他们认为，只要人无伤蛇之心，蛇就没有害人之意。

雪拉莱市因与蛇共舞了数百年，被印度人视为"蛇节"的发源地。每年8月，蛇节到来时，雪拉莱市会变得异常热闹。人们不论男女老少，不约而同地来到郊外捕蛇，并将捕来的蛇集中放置到古老的庙宇里"囤积"起来。

吃过晚饭后，人们来到庙宇里，争先恐后地徒手捉起一条或数条蛇，步出庙宇后尽情狂欢、与蛇共舞。他们几乎人人手上都拽着一条蛇：有的人将蛇抱在怀里亲吻着；有的人将蛇缠绕在身上，大摇大摆地踱着方步；有些年轻的女性把蛇系在腰间，当作美丽的"腰带"；还有些小孩子，穿着短裤、身上倒挂着八九条红绿斑纹相间的小蛇……尽管在此过程中，很多人会被蛇咬伤、缠伤，但他们引以为豪，认为被蛇缠和咬预兆着今生今世无灾无病，会好运连连。

在印度，耍蛇，特别是耍剧毒眼镜蛇，是一项传统表演艺术。耍蛇人手拿一支"蛇笛"，席地而坐，吹奏乐曲，竹篮中的蛇"听"到乐曲后就会探出身体、颈部渐渐鼓起来，在竹篮里"翩翩起舞"。然而，蛇是没有外耳的，不会受音乐影响，这种音乐与其说是吹给蛇听的，还不如说是吹给观众听的。

其实，蛇对附近的振动很敏感。耍蛇人在吹奏乐曲之前，会用木棍敲打蛇筐，用脚轻击地面，还会四处摆动笛子，吸引蛇的注意力。蛇感觉到振动，就会本能地直立起来，做出攻击姿态。蛇直立时需要通过摆动身体来保持稳定，左右摇摆的蛇看上去就好像在"跳舞"。不过，耍蛇仍然是一门不容易掌握的技术：如果刺激不够，蛇就会失去兴趣，在竹篮里盘着身体一动不动；如果受惊过度，蛇就会溜之大吉。

雄伟壮观的泰姬陵

泰姬陵是印度莫卧儿帝国皇帝沙·贾汉为纪念爱妃蒙泰姬建造的陵墓，也是世界"新七大奇迹"之一。泰姬陵已成为印度的代表性建筑之一，去印度旅游的人大多是仰慕它的盛名。

泰姬陵最引人瞩目的是用纯白大理石砌成的主体建筑，皇陵上下、左右工整对称，令人叹为观止。台基四周各有一座高约41米的尖塔，塔与塔之间耸立着墓碑，墓碑上镶满了各种类型的宝石。泰姬陵的前面是一条清澄的水道，水道两旁种有果树和柏树，分别象征生命和死亡。泰姬陵和它映在水道中的倒影相互映照，蔚为壮观。

阿拉伯数字的发源地

完整的阿拉伯数字体系包括从0到9共10个基础数字，虽然被称为"阿拉伯数字"，但事实上，它最早并不是出现在阿拉伯，而是出现在印度。

阿拉伯数字由古印度人发明，印度人对"数字"的应用在典籍《吠陀》中就有记载。到了公元8世纪，"数字"由印度天文学家毛卡传播到阿拉伯地区，当时的阿拉伯人将这种数学符号称为"印度数字"。这种数字经阿拉伯人改进后，传入欧洲，并很快在世界范围内广泛传播，因此，该数字系统被世人称为"阿拉伯数字"。

那烂陀寺

那烂陀寺初建于公元5世纪左右，极盛时期寺内有藏书900多万卷，在这里学习的僧徒超过1万人，是当时佛教的最高学府和学术中心。除佛学之外，寺中的学习课程还包括天文学、数学、医学等。唐朝著名的玄奘法师就曾"西天取经"来到这里。学习了17年后，玄奘已成为通晓"三藏"经文的高僧。他返回大唐时，带回了众多佛教典籍，并且毕生从事翻译典籍的工作。《大唐西域记》就记述了玄奘法师西行路上的见闻，这些记载是研究有关中亚和南亚诸国历史、地理、宗教、文化以及中西交通的珍贵资料。1861年，那烂陀寺遗迹被重新发掘，后经过不断发掘与修复，这里又成为新的佛教朝圣地和旅游胜地。

日本：
少有垃圾桶的地方

  日本位于亚洲东部，这里是亚洲能最早看到日出的地方，因此日本也被称为"日出之国"。富士山是日本的第一高峰，也是世界上最大的活火山之一，更是日本人心中的神山。

  富士山山形完美对称，高耸在蓝天之下，静静地俯瞰着碧波万顷的太平洋。富士山山顶的火山口周围每年积雪约10个月，雪线以下是褐色山坡，寸草不生。而山脚下，广阔的湖泊和瀑布、森林构成了一幅优美的风景画，引得无数游客流连忘返。

日本首都东京距离富士山不到100千米,是一个拥有1000多万人口的城市。虽然人口密度很大,但这里的街道非常干净、整洁,几乎看不到一点儿垃圾。更奇怪的是,这里的大街小巷竟然很少看到垃圾桶。

那日本人是怎么处理垃圾的呢?原来,日本的垃圾分类要求十分严格,丢弃垃圾的时间也有严格规定。居民们需要仔细给垃圾分类,并按规定的时间,将不同的垃圾装入不同的专用垃圾袋里,最后再放在住处附近的指定地点。垃圾清理车会按时到各个居民区回收垃圾,并将垃圾统一送到垃圾场做进一步的处理工作。

如何正确地给垃圾分类是日本小学生的必修课,意在让日本人从小养成正确处理垃圾和爱护环境的好习惯。

因此,东京虽然是繁华的都市,但也是一片净土。公园里,街道边,绿树成荫,小溪潺潺。每当樱花盛开的时候,春风吹过,雪白或淡粉的花瓣就像成千上万只蝴蝶一样纷飞起舞,美不胜收。

日本皇宫

日本皇宫是天皇居住的地方，位于东京市区中央，皇宫分为皇居、外苑、东苑以及北之丸公园等几个区域。

幽静的皇宫外围有高高的石墙和环绕皇宫的护城河，它们是古代抵御进攻的有效屏障。南城壕上的二重桥典雅、美观，直通皇宫正门。

如今的皇宫仿佛繁华天地中的一座孤岛，其内绿瓦、白墙、铜柱的日式传统建筑，与皇宫外鳞次栉比的高楼大厦形成鲜明对比。

萤火虫节

每年5月下旬至6月上旬，东京会举办萤火虫节。

节日这天晚上，人们载歌载舞，手提装有萤火虫的笼子，聚在一起尽享欢乐。

之后，人们成群结队地来到湖边，将萤火虫从笼中放出。顿时，湖面上流萤点点，湖畔笑语阵阵，别有一番情趣。

不断摇晃的国家

全世界震级在里氏6级以上的地震,发生在日本的超过20%。走在东京的大街小巷,你会发现只要稍微开阔一些的绿地都被政府划定为灾难来临时的"缓冲地带"。在每一个公园的入口处,都会插着一块"地震避难所"的牌子。

对日本人来说,防震救灾意识已经深入他们心中。一般的住户在布置房间时,易倒、易碎的物品通常不会放在无遮挡的地方;家里没人时,人们都习惯关闭煤气总阀门。

大块头的运动

相扑在唐朝时由中国传入日本,是一种类似摔跤的运动,两名运动员在划定的圈子中比拼力气,力求把对手摔倒或推出圈外。相扑运动员体格相当魁梧,膀大腰圆,体重大多在120千克以上!大力士们为了保持强壮的身材,每天都要吃大量食物。

当两名相扑"巨人"在比赛场上相撞时,极具震撼力,观众顿时会觉得"地动山摇"。

泰国：
大象的国度

看世界地图时，大家会发现，不少国家的地图都神似动物，比如中国的大陆轮廓像一只傲立的雄鸡。咦？快看！有一头可爱的"大象"，它正伸着长长的鼻子，在印度洋里"喝水"呢！这头"大象"是哪个国家？它就是"大象之国"——泰国。

说泰国是"大象之国"，不仅是因为它的版图像一个大象头，更重要的是这里是亚洲象的故乡。

泰国大象以白象最为珍贵，但其实白象并非白色的大象，金黄、银白、淡红等浅肤色的大象都被称为"白象"。这是因为古代的泰国人把"白"当作国运昌盛的吉祥之兆，事实上把白象称为"瑞象"更恰当一些。

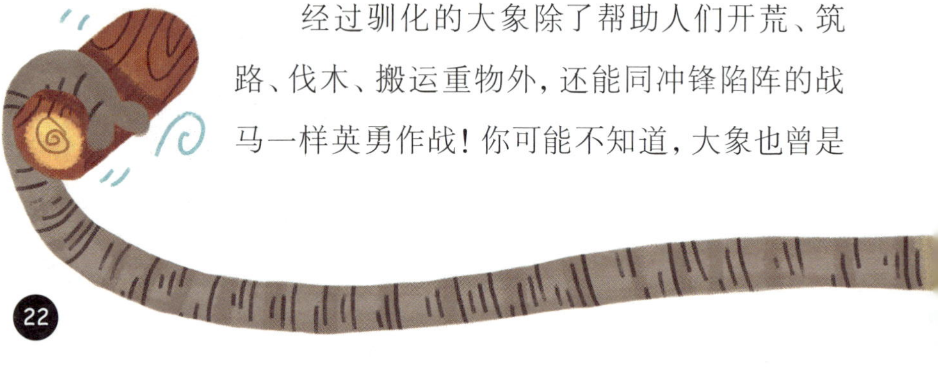

经过驯化的大象除了帮助人们开荒、筑路、伐木、搬运重物外，还能同冲锋陷阵的战马一样英勇作战！你可能不知道，大象也曾是

泰国历史上久经沙场、身经百战的"功臣"。战将以大象为坐骑，君主则把珍贵的白象作为御坐骑，以显神威。

泰国历史上的几次著名战役都与大象有关，而且大象还在战争中立下了赫赫战功。一位泰国历史学家曾说："如果没有大象，泰国的历史可能要重写。大象是今日泰国的'股肱之臣'。"

为了感谢帮助人们的大象，每年11月的第三个周末，泰国盛产大象的素辇府都会举行大象节。大象被冲洗得干干净净、打扮得漂漂亮亮的和主人一同前往素辇府，参加一年一度的"大象运动会"。运动项目有拔河、举重、踢球、障碍跑等，十分热闹有趣。

更多想知道

双手合十来行礼

泰国人习惯行"合十礼"——双手合十并互致问候语"萨瓦蒂"。当别人向你双手合十问候时,你也要双手合十回敬,否则就失礼了。但行礼的对象也有区分,并不是见谁都先行礼才表示礼貌,如果一个长辈先向一个孩子行礼,那一定会把这个孩子吓得够呛,反而会让人觉得尴尬。

放生节

泰国的普吉岛风光秀丽,景色迷人,海滩上都是柔软的细沙,是著名的旅游胜地。在这里,还有一个有趣的节日——放生节。

每年的11月到次年的3月,许多海龟纷纷爬上普吉岛海

滩产卵。但在小海龟孵化后回归大海的途中，这些只有火柴盒大小的"小精灵"因为没有亲人的保护，往往会被天敌们捕获。

为了保护小海龟，许多泰国人见到刚出壳的小海龟，都会主动帮它回归大海。而每年4月13日举行的海龟放生节更是热闹异常，人们会开展各种保护环境、帮助小海龟回归大海的宣传活动。

泼水节

泰国的泼水节也称"宋干节"，在每年的4月13日至4月15日举行，历时3天。泼水节是泰国最重要的节日，相当于中国的春节。

每年的泼水节是当地人全家团圆的好日子。大家团聚在一起，讲述自己一年的生活，并感恩祖先的庇佑。年轻人轮流将浸有花瓣的香水洒在长辈的手臂上、背上，长辈再将水淋在晚辈的头上，并祝福年轻人生活幸福平安。

泰国泼水节有着清除所有的不幸和罪恶、怀着一切美好和纯净开始新的一年的美好寓意。

另外，在我国的云南西双版纳傣族自治州也有泼水节。傣族泼水节一般在傣历6月中旬（即农历清明节前后10天左右）举行，你也可以去那里感受泼水节畅快淋漓的节日氛围！

缅甸：
佛塔林立的地方

我们都知道，青藏高原被称为"世界屋脊"。不仅如此，它还是许多河流的"母亲"，像我国的长江、黄河都是由它"孕育"的。在青藏高原众多的"儿女"当中，还有许多海外的"游子"，伊洛瓦底江就是其中之一。

伊洛瓦底江是缅甸第一大河，两岸风景如画，物产丰饶。它从青藏高原出发，流经许多风景迷人的地方，就像一条贯穿东南亚大陆的彩带，一直奔向印度洋。

伊洛瓦底江所在的缅甸是著名的"佛教之国"。就像唐朝诗人李商隐诗中所写的"忆奉莲花座，兼闻贝叶经"那样，缅甸人把佛经刻写在贝多罗树的叶子上，制成"贝叶经"。

超过80%的缅甸人信奉佛教，他们崇尚建造"浮屠"，也就是佛塔。建庙必建塔，缅甸的佛塔多得数不清，因此，缅甸也被誉为"佛塔之国"。而众多佛塔中，最著名的要数仰光的大金塔了。

仰光是缅甸最大的城市，大金塔就位于美丽的茵雅湖畔，大约始建于公元前585年。传说，大金塔因其内藏有释迦牟尼的8根佛发而成为佛教圣地。

大金塔初建时仅20米高,后经一代代修缮,现高约112米。在台基的四角各有一座小型石塔,另有68座形态各异的小塔环绕四周,而被众星拱月一般、矗立中间的金塔就是主塔了。主塔穿着黄金制成的"衣服",塔身贴有1000多张纯金箔,制作这些金箔所用的黄金有7吨多重,塔的"头顶"上戴着由红、蓝、绿等各色宝石镶嵌的"王冠"。塔的四周还挂着许多个金、银铃铛,风吹过时铃铛们会发出清脆悦耳的声音。

　　仰光大金塔是缅甸佛塔的主要代表,也是当今缅甸最著名的古迹之一。

都要当和尚

在缅甸,许多信仰佛教的家庭里的男孩,在5～15岁时,都会去寺庙当一段时间的和尚。至于当和尚的时间则长短不定,可以是几年、几个月,也可以是一两个星期。在缅甸人看来,一个男人如果没有当过和尚,那他的人生一定是不完整的。

除信仰因素外,有些成年人也会出家去当一段时间的和尚,他们出家的理由千奇百怪:有的穷人为了有个地方吃住,有的富人为了福上加寿;有的人运气好要当和尚过过高兴日子,还有的人运气不好要当和尚去去晦气。

罪恶"金三角"

在缅甸、老挝和泰国三个国家的边境地区,有一片三角地带,这里盛产一种两年生草本植物——罂粟。罂粟是一种制作毒品的原料植物,可以用来提炼、加工成鸦片与吗啡等麻醉药品和精神药品。这个三角区由于在各国边界处，交通不便，管理混乱，因此成为毒贩们牟取暴利的地方。在毒贩们看来，当地可谓遍地财富的"金三角"。

现在，"金三角"与"金新月""银三角"一起，并称为世界三大毒源地，是世界各国打击毒品犯罪的重点关注地区。防毒、反毒人人有责，对青少年来说，需要树立正确的人生观、价值观，提高识毒、防毒、拒毒的意识。

森林密布

缅甸的地形以山地、高原和丘陵为主，许多地方山林密布，可以说是世界上森林分布最广的国家之一。

据2020年全球森林资源调查报告，缅甸的森林覆盖率为42.19%，居东南亚首位。缅甸盛产檀木、鸡翅木、铁力木、酸枝木、花梨木等各种名贵硬木，还有丰富的竹类和藤木资源，这些原料可以制作成各种美观的木、竹、藤制品，很受游客的欢迎。

印度尼西亚：
这里有数不清的岛屿

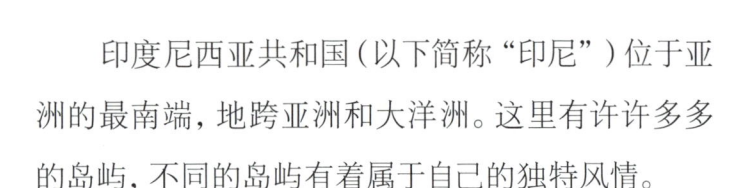

印度尼西亚共和国（以下简称"印尼"）位于亚洲的最南端，地跨亚洲和大洋洲。这里有许许多多的岛屿，不同的岛屿有着属于自己的独特风情。

苏门答腊岛宛如一颗镶嵌在赤道线上的绿宝石，茂密的热带雨林里古木参天，藤蔓缠绕，是珍稀野生动物的家园，也是探险者的乐园。岛上有许多火山，云雾缭绕的火山既壮观又令人心生敬畏。清澈的河流和气势磅礴的瀑布更是为这片土地增添了生机与活力。

爪哇岛是印尼最繁华的地区，印尼有一半人口居住在这里。爪哇岛上有100多座活火山，而火山活动也让岛屿形成了独特的景观，无数游客慕名而来。火山群最令人惊叹的景观是日出：清晨的山峰被云雾笼罩，站在山巅，仿佛身处仙境，云海就在你的脚下；太阳渐渐升起，白云被阳光冲散。这时，你就可以尽情地观赏周围的风光了：被染成橘黄色的山峰，冒着烟气的火山锥，气势磅礴的大峡谷，还有明镜般的湖泊。

而众多岛屿中最耀眼的要数巴厘岛，它美得宛如天堂——去过巴厘岛的人都说那里是一个梦幻王国，处处可见艳丽的鲜花和成群的海鸟，那里沙滩平坦，阳光和煦，海水清澈。

但对当地人而言，最接近"天堂"的地方是北部火山带，特别是那座最高的火山——阿贡火山。这些火山虽然大部分时间在"沉睡"，但那不时传出的"隆隆"的"鼾声"还是让人有些胆战心惊。2019年5月24日，突然"醒来"的阿贡火山就一度让游客措手不及。

不过有时候自然的神奇也正在于此——有平静，有爆发，有冰冷，有炽热，这才是鲜活的地球啊！

万岛之国

印尼是世界上岛屿最多的国家，其国土分布在17508个岛屿上，其中约6000个有人居住，疆域横跨亚洲及大洋洲，是名副其实的"万岛之国"。从2022年12月的统计数据来看，印尼全国人口为2.76亿，是世界第四人口大国。

花之岛

巴厘岛气候温和湿润，土壤肥沃，植物四季常青，林木参天，百花烂漫。

岛上的居民生性爱花，处处用花来装饰，使整个岛成了花的海洋。因此巴厘岛又有"花之岛"的美称。

科莫多巨蜥

科莫多巨蜥是世界上现存体形最大的蜥蜴，成年巨蜥体长可达2~3米。论亲缘关系，科莫多巨蜥和曾经在地球上称霸一时的恐龙是同族。成体科莫多巨蜥长得有点儿像鳄鱼，身上披有深褐色鳞甲，它们的头上没有耳郭，在头的后面长有张开的耳孔，但听觉迟钝，即使巨大的声音也不能惊动它们。不过，敏锐的视觉和嗅觉弥补了它们听觉上的不足。在它们那巨大而扁长的脑袋上，生有一张血盆大口，口中"武装"着尖利的牙齿，一对黑眼睛炯炯有神，警惕地注视着周围的动静，真叫人望而生畏。

为了保护这种数量稀少并且对研究恐龙具有较高价值的动物，1980年，印尼政府在科莫多岛上建立了科莫多国家公园。

独特的成年礼

巴厘岛人认为，人的6颗门牙和犬牙分别代表着懒惰、无信仰、不坚强等6种罪恶，如果不锉平，就无法摆脱罪恶、成为大智大勇者。所以，在男孩17岁、女孩15岁时，会为其举行锉牙仪式——将门牙和犬牙锉平。这也是当地独特的成年礼。

马尔代夫：
印度洋上的宝石

马尔代夫是位于印度洋上的一个群岛国，也是南亚唯一一个国土和领海横跨赤道的国家，它由26组自然环礁、1192个珊瑚岛组成。

马尔代夫有着清澈的海水、洁白的沙滩、美丽的珊瑚礁和独特的海洋生物，拥有"上帝抛撒在人间的项链"等美称。这里的美景每年都吸引来大量游客，他们可以在这里彻底放松身心，与海洋以及海洋动物来一次最亲密的接触。

初到时，只从空中俯瞰马尔代夫，你也一定会被眼前的美景惊得说不出话来：在空中远远看去，印度洋好像一块泛着水波光泽的蓝色天鹅绒布，布上镶嵌着一颗颗耀眼的绿宝石，绿宝石还镶有银边。见过如此梦幻美景的人，相信他们一辈子都无法忘怀。

马尔代夫的海水清澈透明，在阳光的照射下，会呈现出深浅不一、层次丰富的蓝，让人眼前一亮、流连忘返。

马尔代夫是热带鱼的故乡,当你潜入水中,有时整个视野中都是鱼群,看着上百条鱼在水中"舞蹈"、闪现出缤纷的色彩,怎能不让人陶醉呢?

在马尔代夫四下无人的海边涉水漫步,任由暖暖的阳光洒在身上,凉凉的海水从脚下流过,看着沙面上小蟹疾行,这样恬淡的生活一定让你心生向往了吧!

也许会消失

马尔代夫虽然岛屿众多,但这些岛屿大多地势低矮,平均海拔不超过2米。地球的环境不断遭受破坏,海水温度升高、海平面上升等情况不断发生,而这些对于马尔代夫的伤害可能是毁灭性的——

海洋温度升高会导致珊瑚死亡,珊瑚礁逐渐消失,而海平面上升则会让马尔代夫的低矮国土逐渐被海水淹没。希望更多的人能行动起来,让人与环境能和谐相处。

水上屋

旅游业是马尔代夫的第一大经济支柱产业,来这里,就不能不住非常有名的"水上屋"。如果说马尔代夫群岛犹如一颗颗钻石镶嵌在碧蓝的大海上,那么水上屋就是这一颗颗钻石的"代言人"。

　　水上屋直接建造在蔚蓝透明的海上,住在其中,不仅能饱览五彩斑斓的热带鱼、鲜艳夺目的珊瑚礁、雪白晶莹的沙滩、婆娑美丽的椰树,还能听到海鸟清亮的鸣叫声。这真是极致的享受啊!

没有铁路的国家

　　马尔代夫全国没有铁路,也没有一般意义上的"公路"。对这个由众多岛屿组成的国家来说,交通工具主要是快艇和水上飞机,轨道列车在这里毫无用武之地。这里真可以说是个与水相伴、与鱼为友的地方。

　　值得一提的是,2018年8月30日,中国援建的马尔代夫第一座现代化的桥梁——中马友谊大桥正式通车。这是马尔代夫的第一座跨海大桥。

斯里兰卡：
奇树集结地

斯里兰卡的主岛位于印度洋上，其形状就像一个巨大的梨。因地理位置接近赤道，岛上气候终年如夏，有利于植物的生长。这里有整齐的茶园、茂密的橡胶林、直插云天的椰树林，还有一些其他地方看不到的树木奇景。

在斯里兰卡首都科伦坡以南80千米的地方，河流宽阔，动物繁多，林木葱茏，这里就是斯里兰卡最大的红树林保护区。红树林的根系非常发达，它们深深地扎进淤泥中，稳稳地固定住树木，即使遇到大风大浪，树木也不会动摇。坐着小船在红树林中穿行，密密麻麻的树木如厚实的篱笆，在水

中立起一道道"铜墙铁壁",形成许多神秘幽深的水道。

阳光穿透树叶,形成一片片斑驳的光影。船行光移,似乎在引领你探索更多有关红树林的秘密。在这里,你还可以听到鸟儿欢快的歌声,看到各种奇特的生物在林间穿梭。

而在斯里兰卡茂密的森林里,还生长着斜叶榕、垂叶榕等"绞杀树"。这些树生长在其他树木之间的缝隙中,一开始只占据一个小小的角落,这样可以避免被觅食的动物们发现。等它们长大后,会把攀附的树木紧紧包裹住,夺取其水分和养料,致其死亡。

而铁力木是斯里兰卡的国树,以其雄伟的树干和宽阔的树冠著称。铁力木在斯里兰卡象征着坚韧和生命力。

斯里兰卡的奇树,真是让人大开眼界啊!

消失的空中宫殿

来到斯里兰卡,狮子岩是不可错过的景点之一,在这里曾经有过一座壮丽宏伟的宫殿。

考古发现,这座空中宫殿里有石制宝座、蓄水池、宴会厅、国王寝宫等,非常宏伟华丽。很难想象,以当年的人力与物力,是如何完成如此艰巨的工程的。

但这座宏伟的建筑最终没有逃过战争的劫难,如今早已难见其原貌。不过值得庆幸的是,当人们登上岩顶,极目远眺,可以欣赏无边无际的丛林,饱览城市风光。

斯里兰卡国家博物馆

　　位于首都科伦坡的斯里兰卡国家博物馆是斯里兰卡最古老的博物馆，始建于1877年。馆内珍藏着斯里兰卡各个历史时期的文物，其中最令中国游客感兴趣的应该是馆内的一座1912年发现的石碑，人们称它为"郑和碑"，是中国明朝的郑和下西洋、到达此地时所建的。碑上用汉文、阿拉伯文、泰米尔文3种文字，记载了郑和来斯里兰卡的目的。

光明富饶之岛

　　斯里兰卡的国名几经更改。它的阿拉伯语名称，中国在宋朝时将其译为"细兰"，明朝时译为"锡兰"。而它的梵语古名的意思是"驯狮人"，因此，在这个国家的国旗中，有一头雄狮的图案。

　　现在的国名"斯里兰卡"（斯里兰卡民主社会主义共和国）是1978年8月更改的，它的意思是"光明富饶（之）岛（国）"。

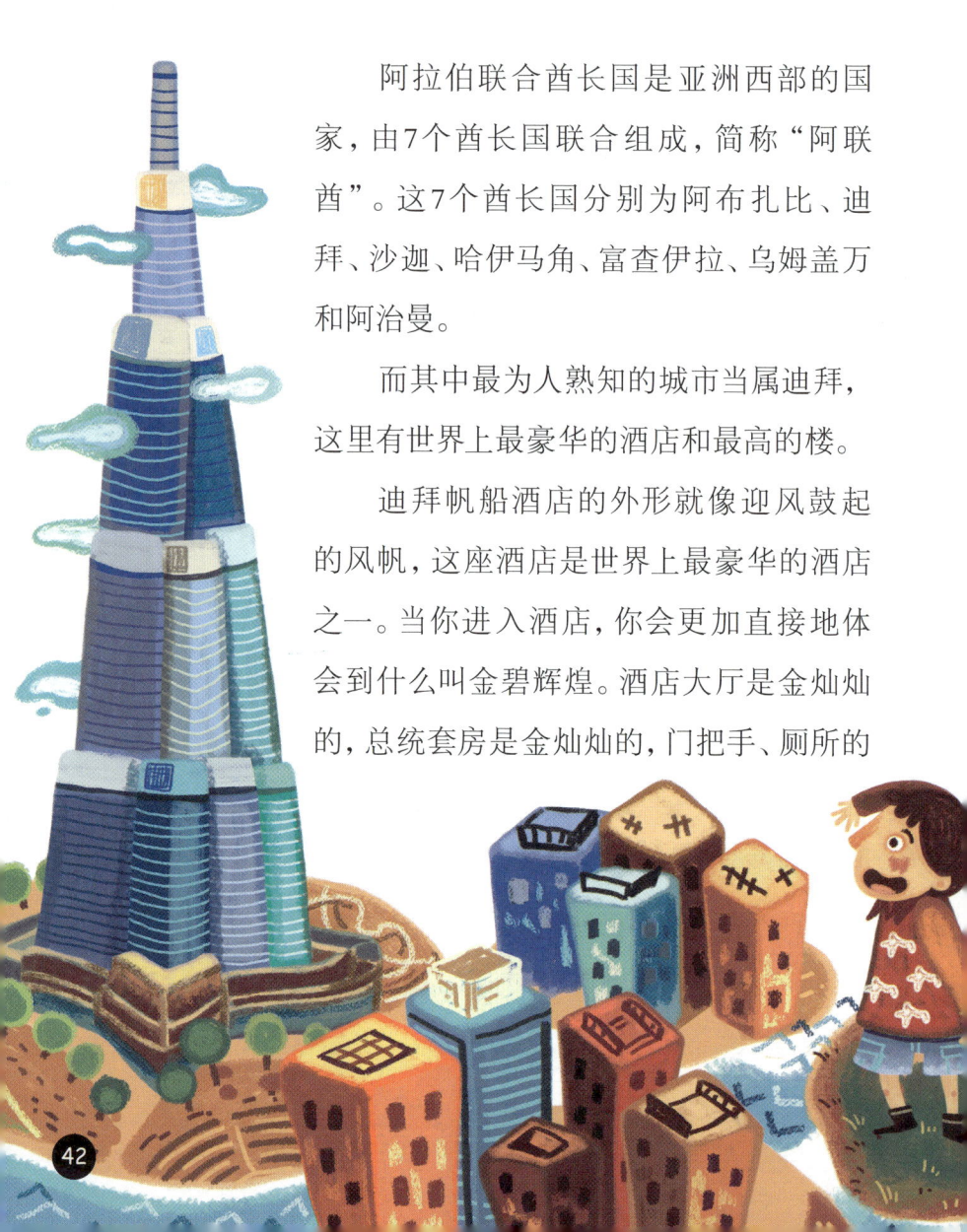

阿联酋：
沙漠中的奇迹城

阿拉伯联合酋长国是亚洲西部的国家，由7个酋长国联合组成，简称"阿联酋"。这7个酋长国分别为阿布扎比、迪拜、沙迦、哈伊马角、富查伊拉、乌姆盖万和阿治曼。

而其中最为人熟知的城市当属迪拜，这里有世界上最豪华的酒店和最高的楼。

迪拜帆船酒店的外形就像迎风鼓起的风帆，这座酒店是世界上最豪华的酒店之一。当你进入酒店，你会更加直接地体会到什么叫金碧辉煌。酒店大厅是金灿灿的，总统套房是金灿灿的，门把手、厕所的

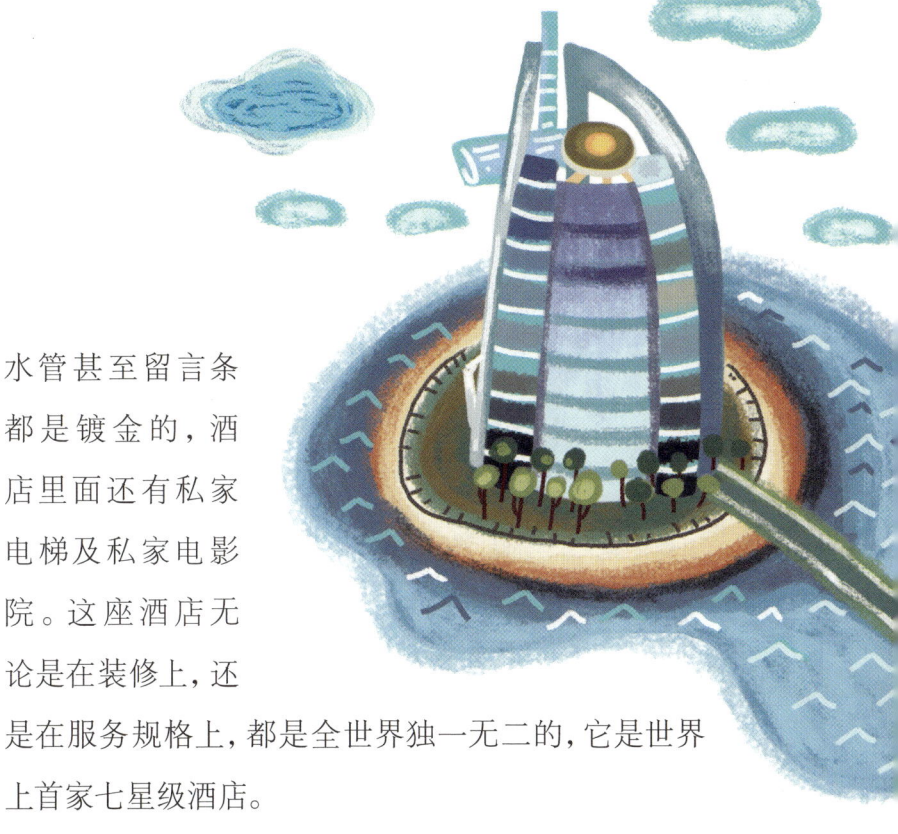

水管甚至留言条都是镀金的，酒店里面还有私家电梯及私家电影院。这座酒店无论是在装修上，还是在服务规格上，都是全世界独一无二的，它是世界上首家七星级酒店。

迪拜还拥有世界第一高楼——哈利法塔。哈利法塔总高828米，共162层，成功超越世界上的其他建筑，坐上了目前摩天大楼家族里的头把交椅。只要能见度够高，人们无论在城中的哪个角落，抬头都能看到哈利法塔的身影。

在迪拜，不仅有奢华的高楼，还有独特的自然景观。在这里，你能看到沙漠的苍茫，也能看到海水的辽阔，一半沙漠一半海的奇景同样会让人啧啧称奇。

夏天也要穿长袍

在阿拉伯地区，尽管气候非常炎热，但生活在这里的人却很少穿短袖衣服。那是因为沙漠里的空气太干燥了，人出的汗蒸发得特别快，不会过于闷热。

同时，强烈的紫外线容易晒伤裸露在外的皮肤，穿短袖衣服会让人过快地失去体内的水分。所以即使在炎热的夏季，阿拉伯人都穿着长长的袍子。

树木是宝

在阿拉伯联合酋长国，人们特别爱护树木。修建道路时，如果遇到树，就必须绕道改建。

为了扶正一棵歪斜了的树木，人们都不会吝惜自己的衣服，即使为此撕破长袍也毫不在意。

骆驼最宝贝

在炎热干燥的沙漠地区，没有比骆驼更有用的动物了。在阿拉伯联合酋长国，骆驼就是最重要的动物。

骆驼分为双峰骆驼和单峰骆驼，双峰骆驼大部分分布在亚洲及周边较为清凉的地区，如蒙古国、中国、哈萨克斯坦、印度北部及俄罗斯；而单峰骆驼主要分布于北非、东非、印度半岛及阿拉伯半岛的沙漠或干旱地区。

单峰骆驼比较高大，在沙漠中能走能跑，可以运货，也可以驮人；而双峰骆驼四肢相对粗短，更适合在沙砾和雪地上行走。

骆驼是一种特别能耐饥渴的动物，即使好几天不喝水不进食也没有问题。这是因为骆驼的驼峰里贮存着脂肪，这些脂肪在骆驼没有食物的时候，能够分解成骆驼身体所需要的养分，维持骆驼的生命。另外，骆驼的胃里有许多瓶子形状的"小泡泡"，那是骆驼贮存水的地方，这些"瓶子"里的水可以供骆驼身体缺水时使用。

这些特性使骆驼成为沙漠运输的主要工具。在阿拉伯联合酋长国的有些地方，骆驼甚至可以作为货币，换来其他物品。

蒙古：
马粪能当柴火烧

蒙古国（以下简称"蒙古"）是面积仅次于哈萨克斯坦的世界第二大内陆国家，也是世界上人口密度较小的国家之一。这里的大部分土地被草原覆盖，因此许多人以放牧为生，主体民族喀尔喀蒙古族和哈萨克族也因此被称为"马背上的民族"。

现代，许多蒙古人也住进了高楼，但作为游牧民族的后代，目前依然有不少蒙古人住在蒙古包里。

蒙古包呈筒锥形，全部采用天然材料盖成，木头做的柱子用薄薄的羊毛毡围起来，屋顶上开个小洞，用于通风、采光和排烟。蒙古包的最大优点是拆装容易，搬迁方便。一顶蒙古包只需要用两匹马或一辆板车就可以运走，两三个小时就能重新搭盖起来。

但到冬天时，蒙古大草原的气温会降到-15℃以下，最冷时甚至会降至-40℃。那么住在蒙古包里的人该怎么过冬呢？此时，人们会在蒙古包内置一个铁炉子，用马粪（也可以是牛粪、羊粪等）生火取暖。

很多人也许会对此感到奇怪："多脏啊，怎么能用动物的粪便烧火呢?"其实,用马粪烧火几乎没有什么异味。在将马粪扔进炉子里烧火前,先把马粪摊开,使其在太阳下充分晒干。晒干后的马粪可是非常好的燃料。

"马背上的民族"爱马、护马,将马视为自己的朋友。在辽阔的草原上,随处可见各种各样的马,就连蒙古的钱币上也刻着马呢。

蒙古白节

蒙古人崇尚白色,他们视白色为吉祥、神圣的象征,因此,称岁首正月为"白月"。蒙古人的白月初一为"白节"(白节相当于汉族等民族的春节),他们将这天视为春天的开始,期盼新年万物复苏、牛羊肥壮。

在节日期间,青年男女利用拜年的机会举办赛马、摆放特色糕点等传统活动。白节是蒙古人隆重的节日。

蒙古的"珍珠"

库苏古尔湖位于蒙古北部,是蒙古最大的淡水湖和湖滨休养地。库苏古尔湖一年有6个月的结冰期。湖水在农历腊月的某一夜,几乎顷刻之间便会结冰进入结冰期。

湖水在封冻之际,会发出似雷霆滚过的轰鸣声,能亲耳听到这声响的人,被认为是"福星高照之人"。湖水封冻之后,一团团浓雾"从天而降",苍天和大地被笼罩在一片银白之中。

库苏古尔湖湖水清澈纯净，呈深蓝色，有"东方的蓝色珍珠"的美称。湖泊周围是茂密的原始森林，里面生活着马鹿、梅花鹿、黑熊等野生动物。

马头琴

马头琴是一种蒙古的民间乐器，马头琴音量不大，但是声音圆润悠扬。相传，一位牧民为了纪念自己死去的小马，就制作了一把琴，并把琴头做成了小马的样子，于是这种乐器得名"马头琴"。而对草原的描述，再精美的画卷、再动人的诗篇，似乎都比不上马头琴的旋律给人带来的身临其境之感。

传说中的"死亡之虫"

传说在蒙古的戈壁沙漠里，生活着一种很奇异、很难对付的怪物——"死亡之虫"。这种虫子长0.6～1.5米，它们的爬行方式很特别，要么向前滚动，要么向一侧倾身蠕动，而且它们还会喷射剧毒的腐蚀性液体和施放电流。不过迄今为止，也没有人真正抓获过这种虫子。

英国：
脚踩东西半球

太阳有东升西落的规律，那么地球的东西半球从何处分界呢？在地球这个球体上，是怎样进行奇妙分割的呢？

不像地球的纬度，有着自然的起讫点（赤道和两极），地球的0°经线（本初子午线）是人为设定的。0°经线的确定，曾经历过一番激烈的争论。

1884年，在美国华盛顿召开的国际经度学术会议上，正式确定以通过英国伦敦的格林尼治天文台子午仪中心的经线作为本初子午线，以此作为世界时区的计算起点。从本初子午线起，经度向东增加到东经180°，向西增加到西经180°（但注意西经180°

与东经0°重合）。为使用方便，通常东西半球的分界线是西经20°和东经160°相对的两条经线组成的经线圈。

格林尼治天文台是英国历史最悠久的国家天文台。英王查理二世于1675年下令筑基并拨款修建，最终在位于伦敦东南郊的皇家格林尼治花园建成。

1957年，天文台设备及人员完全迁至萨塞克斯郡的赫斯特蒙苏，但仍沿用格林尼治天文台这一名称。迁址后的格林尼治天文台已成为综合性的光学天文台，开展时间测定、观察恒星方位、航海历书编纂等工作，并且也进行天体物理方面的大量研究工作。

而留在原址的老天文台以及一些旧仪器，现已成为英国皇家海军学院和国家航海博物馆的一部分。里面陈列着早期使用的天文仪器，尤其是子午馆里的镶嵌在地面上的铜线——0°经线，吸引着世界各地的参观者。

到这里的游客都喜欢将双脚跨在0°经线的两侧摄影留念，此举象征着自己同时脚踏着东西两个半球。

绅士之国

早在15世纪,英语中就有了"绅士"一词,只要是"为留下好名声而勤奋做事的人,毫无疑问都可以被称作绅士"。到了17世纪后期,英国开始实施"绅士教育",它是由英国哲学家约翰·洛克提出的,绅士风度成为英国民族文化的外化表现。后来,人们用"绅士"来称呼那些仪容得体、举止优雅、彬彬有礼、富有教养的男子。

美丽的湖区

英国湖区国家公园位于英格兰西北海岸,是英国最美丽的国家公园之一。这里有星罗棋布的湖泊,其中温德米尔湖是英格兰最大的湖泊,其湖面狭长,像一个被拉长的逗号,湖边有大片平坦的草地。天气晴朗的时候,只见阳光下,湖面波光粼粼,天鹅优雅地在水面游移,不远处有点点白帆,偶尔还有游艇飞快地掠过,激荡起阵阵水花。水鸟一会儿在水面上翻飞，一会儿又和天鹅一起游动。

怪不得英国著名诗人济慈说："湖区能让人忘掉生活中的区别——年龄、财富。在这里，你很容易就会陶醉在美景中，忘了时间，就好像'天上一日，地上十年'。"

大英博物馆

不列颠博物馆即大英博物馆，是世界上规模最大、最著名的世界四大博物馆之一。大英博物馆藏品极其丰富，其中有名的收藏品有罗塞塔石碑，石碑上记载着古埃及的托勒密王朝的一段往事。这块石碑由于具有重要的历史研究价值，被视为"三大镇馆之宝"之一。大英博物馆里还藏有中国东晋画家顾恺之的《女史箴图》的唐摹本残卷。《女史箴图》是当今存世最早的中国绢画，是尚能见到的中国最早专业画家的作品之一。

"V"手势

第二次世界大战期间，当时的英国首相丘吉尔曾在一次演说中，伸出右手的食指和中指，手心朝外向大家比了一个"V"的手势，表示胜利。此后，这一手势广为流传。

德国：
汽车工业大国

当你在人山人海的地铁里好不容易找到一小块容身之地时，你肯定想着这时候要是能坐在宽敞舒适的小汽车上就好了。汽车的地位在科技力量日益壮大的现代生活中变得举足轻重。德国是现代汽车工业的发祥地，也是生产汽车历史最悠久的国家之一。

1885年，德国人卡尔·本茨购买了奥托的内燃机专利，并将一台内燃机和加速器安装在一辆三轮马车上。1886年1月29日，德国曼海姆专利局批准了卡尔·本茨1885年研制成功的第一辆单缸三轮汽车的专利申请，卡尔·本茨获得了世界上第一辆汽车的发明权。这一天被大多数人视为现代汽车诞生日。1886年，德国人戈特利布·戴姆勒制成世界上第一辆四轮汽车。

至今，德国的汽车工业已经走过了120多年的发展历

程。德国汽车工业的发展也和世界上其他国家一样,经历了发明试验、不断完善、迅速发展和高科技广泛应用这样四个阶段。

德国的汽车以其先进的技术、精湛的工艺、上乘的质量、可靠的安全性而享誉世界。

在德国开车,可以最大限度体验奔驰的快感,因为德国超过50%的高速公路不限速。但这并不意味着可以肆无忌惮地飙车,在建筑工地、危险区域、城镇附近仍然会有限速标志,提醒驾驶者时刻注意交通安全。

开着车,那你不妨去德国西部城市波恩逛一逛——这座位于莱茵河畔的城市可是大音乐家贝多芬的出生地。贝多芬创作的作品对世界音乐的发展有着深远的影响,因此他被尊称为"乐圣"。

讲卫生、守秩序的民族

德国人很讲究卫生，看到没有打扫的屋子、满地垃圾的街道、没有清洗干净的汽车，大多数德国人都无法忍受。不管是屋子、街道，还是汽车，德国人都不停地扫啊、擦啊，因此德国成了世界上最干净的国家之一。

同时，他们也严格遵守秩序。在德国只要有人违反交通规则或肇事后逃逸，很快就会被举报，因为大多数德国人都无法忍受破坏秩序的行为。

据说，在世界上，有关德国政府腐败等丑闻的报道也是最少的。而德国高质量的家电产品和汽车受到全世界的瞩目，这与他们讲卫生、守秩序的严谨态度不无关系。

美丽的"地狱谷"

黑林山位于德国斯图加特市的西郊，山上古树参天，巨大的树冠叠在一起，遮天蔽日。由于林中昏暗无光，加上山间沟壑纵横,山石混杂其间,很少有人来这里,于是黑林山便有了"地狱谷"这样的可怕称号。

美丽的莱茵河缓缓地从"地狱谷"底流过,河流恰似一条闪亮的银带镶嵌在山边。河水清澈透明,哗哗的流水声仿佛清脆悦耳的乐曲,悠扬动听,给"地狱谷"平添了许多生机与活力。

国际象棋镇

在德国哈茨山区东部,有一个举世闻名的"国际象棋镇"——什特勒贝克。在这个小镇,人人都爱玩国际象棋,小镇的生活也都和下棋息息相关,街头巷尾的建筑物或者路标上都有国际象棋的影子。

生活在这里的人们简直片刻不能离开国际象棋,国际象棋已成为生活的必需品。小学生们早上来到学校,书包里唯一不会忘记的东西就是袖珍版国际象棋:上课太枯燥,下课赶紧下一局国际象棋提提神;午饭后无事可做,那就再下一局国际象棋吧!

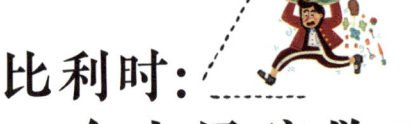

比利时：
一个小男孩救了一座城

布鲁塞尔是比利时最大的城市，也是欧洲联盟的主要行政机构所在地，所以它有"欧洲首都"的美称。

全球最著名的"可爱小孩"之一——"尿尿小童"是来到布鲁塞尔的游客必定要拜访的"人物"。这是一座高约半米、光身叉腰撒尿的小男孩雕像，被称为"布鲁塞尔的第一公民"，是布鲁塞尔的标志性建筑。

关于铜像的来历有很多版本，其中流传最广的是：1619年，当西班牙占领者撤离布鲁塞尔时，点燃了通往炸药库的导火索，企图将整座城市夷为平地。在最危急的时刻，一个名叫于连的小男孩发现了正在燃烧的导火索，他急中生智，撒了一泡尿将导火索浇灭，使这座城市幸免于难。

战争结束后，人们为了纪念这位智勇双全的小英雄，便在市中心的广场一侧立了一尊铜像——一个光着身子撒尿的小男孩。

但"尿尿小童"也不总是光着身子。1698年，为了庆祝布鲁塞尔从法国人的战火中重生，当时的统治者马克西米利安二世给"尿尿小童"穿上了一件蓝色的缎子上衣，并戴上了一顶有羽毛的帽子。

不少国家的元首在出访比利时时,都会赠送给"尿尿小童"一套本国的传统服装。至今,"尿尿小童"已经拥有1000多套风格各异的衣服,其中包括来自中国的马褂、唐装等中国传统服装。

据说,"尿尿小童"每天都在源源不断地"撒尿",平时"撒"的是自来水,但在节日里"撒"的却是啤酒。你能想象成千上万的人争先恐后地喝"啤酒尿"的场面吗?这该是多么有趣啊!

多样的语言

由于比利时特殊的地理位置,比利时人共同使用荷兰语、法语和德语3种语言,所以,同样是比利时人,也可能出现相互之间语言不通的情况。

比利时地处欧洲的中心,是欧洲文化的交融地带。从中世纪开始,比利时就吸引了大量外国移民来此淘金,不同的民族汇集在一起,带来了各民族的语言。

现在,在比利时,即使是像电视台这样的大众媒体也没有使用统一的语言,各地方电视台分别使用自己的语言,哪怕是同一个电视台,也是有时用法语播报,有时用德语播报。

"巧克力王国"的美食

称比利时为"巧克力王国"一点儿也不为过。对孩子们来说,提起比利时他们就会立刻想到巧克力。要知道"世界十大巧克力品牌",其中就有5个是来自比利时的品牌呢。

对美食家来说,比利时的各式贝类海鲜是绝不可错过的,其中最著名的要数贻贝。

而比利时产的"修道院啤酒"更是在欧美国家久负盛

名。每年9月,布鲁塞尔都会举行一年一度的"啤酒周末节"。啤酒厂商抬着巨大的酒桶在广场上巡游,人们一边畅饮,一边了解有关比利时啤酒的历史。身处其间,行走其间,你能感受到浓烈的节日气氛。

在这里,你不仅可以品尝到醇厚的啤酒,还能了解比利时酿酒业的发展史和精湛的酿造工艺。

欧洲漫画之都

比利时首都布鲁塞尔还有"欧洲漫画之都"的美称,这里是漫画艺术的璀璨殿堂。无数漫画大师在此留下过经典之作,如乔治·勒米的《丁丁历险记》,贝约的《蓝精灵》,这些作品给一代又一代的孩子留下了美好的童年记忆。

在布鲁塞尔的街头巷尾,随处可见各种漫画元素:绘有漫画的墙壁,出售各种漫画产品的商店,还有讲述漫画辉煌历史的博物馆。

布鲁塞尔以它独特的漫画文化,吸引着全世界的目光,成为漫画迷们心中的"圣地"。

意大利：
街道恰似博物馆

意大利是历史悠久的文明古国，长久以来，它以出众的人文"征服"了世界。

位于意大利首都罗马市中心的古罗马露天竞技场遗迹（也叫古罗马斗兽场），是古罗马时代的象征。竞技场呈椭圆形，由石块和混凝土筑成，周长约527米，围墙高约57米，规模宏大。场内设有60排座位，可容纳约5万名观众。这里曾因角斗士、雄狮和观众响彻云霄的吼声而闻名世界。

在罗马，还有众多千姿百态的喷泉。最著名的特雷维喷泉于1762年建成。特雷维喷泉又被称为"许愿泉"，民间传说中说：背向喷泉抛一枚硬币到喷泉池里，许下的愿望会成真，并且有一天你还会回到这里。

罗马"万神庙"是古罗马最古老、保存最完好、最受欢迎的历史古迹之

一。公元前27年,曾经的罗马总督阿格里帕主持修建了万神庙。但最初的万神庙在公元80年时被大火焚毁,直到公元125年才由罗马皇帝哈德良下令重建。万神庙的穹顶极大,光线从未加玻璃的开口射入,投到穹顶的花格内壁和下面的墙上,美轮美奂。

万神庙不仅是历史古迹,还是一座博物馆。它是众多不朽人物、艺术家和国王的永久憩所,也被称为继古罗马露天竞技场之后的"罗马的另一象征"。

庞贝古城是意大利另一处非常有名的遗迹。因为火山突然喷发,古老的庞贝城被完全掩埋在了火山灰下,直到1748年,人们才发现这里有一座被掩埋的城市。

意大利还有"中古世界七大奇迹"之一的比萨斜塔。以"塔斜不倒"而闻名世界的比萨斜塔,至今仍然倾斜着身子坚强地站立着。

意大利拥有如此多的文物古迹,到了这里,或许你根本不用去博物馆,因为意大利的街道本身就是一个内涵丰富的大博物馆。

更多想知道

"水城"威尼斯

威尼斯位于意大利东北部,是世界著名的"水城"。威尼斯坐落在威尼斯潟湖的浅滩上,整个城市由被运河分隔且由桥梁相连的121座小岛组成,有117条水道穿插、纵横在城市里。

威尼斯城的始建时间可以追溯到公元5世纪。14—15世纪早期意大利文艺复兴运动促进了城市经济的繁荣发展,威尼斯成为地中海地区最繁荣的贸易中心之一。

作为著名的旅游城市,威尼斯以瑰丽的中世纪建筑艺术和"水城"独特风貌驰名于世。城内有许多豪宅和宫殿。大理石拱桥跨越了无数水道,风景独特。1987年,威尼斯

被列入《世界遗产名录》。"因水而生，因水而美，因水而兴"，这或许就是对威尼斯最好的概括。

达·芬奇

意大利人达·芬奇（全名列奥纳多·迪·瑟·皮耶罗·达·芬奇），是欧洲文艺复兴时期著名的画家、科学家。

油画《最后的晚餐》是他一生中最负盛名的作品之一，该画作匠心独运、构图卓越，细部写实与典型塑造结合无间，为他人难以企及。而他的另外两幅名作《圣母子与圣安娜》《蒙娜丽莎》，则是他晚年最珍爱的作品。

晚年的达·芬奇将更多的精力转移到科学研究上，留下了大量的笔记手稿及草图。笔记中科学研究的涉及范围十分广泛，从物理、数学到人体解剖，几乎无所不包。达·芬奇的技术发明也涉及军事机械、飞行器等方面。

天然灯塔

斯特龙博利火山位于意大利西西里岛北部的利帕里群岛。几百年来，它每隔两三分钟就喷发一次，火山口喷出的巨大烟柱，上升到几百米的高空。而到了晚上，火山喷出的烟柱更是被深红色的熔岩映照得通红，过往船只因此都把斯特龙博利火山作为辨别方向的标志，称它为"地中海中的天然灯塔"。

荷兰：
与水交融的世界

你知道哪一个国家把郁金香作为国花吗？没错，它就是"风车王国"荷兰。

阿姆斯特丹是荷兰的首都，它位于荷兰的西北部。与意大利的威尼斯一样，这里水网密布，河道纵横，所以它也被称为荷兰的"北方威尼斯"。

这里河流、运河、海湾交错，将整座城市分割成许多块"小蛋糕"。河道上泊有两千多条"船屋"，这些船屋的主人大多为艺术家、作家以及一些浪漫的年轻人，所以，船屋设计得都很别致。也有人将船屋改建成充满情调的水上餐厅、水上酒吧、水上咖啡屋。乘坐游船穿行在一座座造型各异的桥梁和漂亮的船屋间，如同行走在一幅美丽的画卷中。

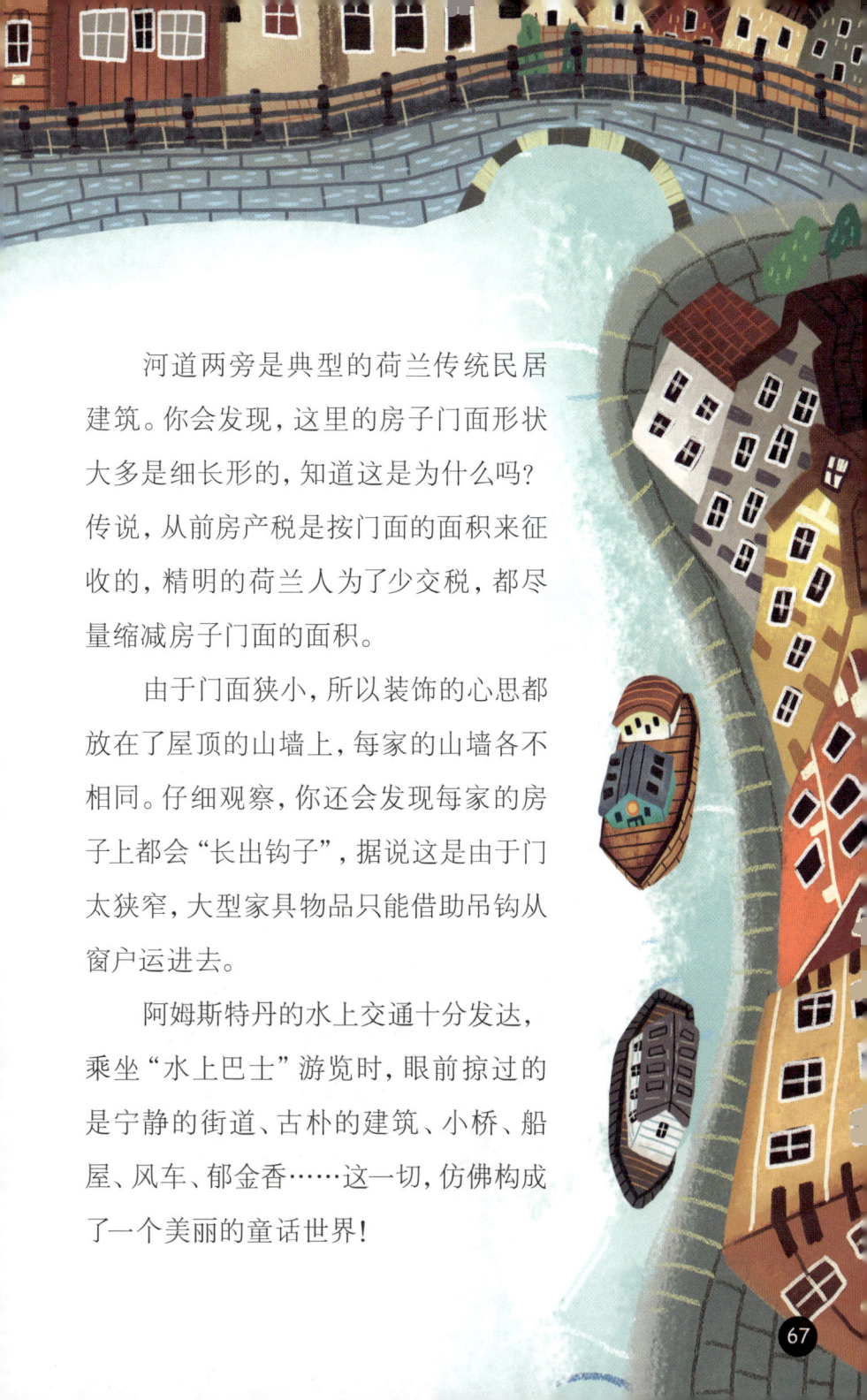

河道两旁是典型的荷兰传统民居建筑。你会发现，这里的房子门面形状大多是细长形的，知道这是为什么吗？传说，从前房产税是按门面的面积来征收的，精明的荷兰人为了少交税，都尽量缩减房子门面的面积。

由于门面狭小，所以装饰的心思都放在了屋顶的山墙上，每家的山墙各不相同。仔细观察，你还会发现每家的房子上都会"长出钩子"，据说这是由于门太狭窄，大型家具物品只能借助吊钩从窗户运进去。

阿姆斯特丹的水上交通十分发达，乘坐"水上巴士"游览时，眼前掠过的是宁静的街道、古朴的建筑、小桥、船屋、风车、郁金香……这一切，仿佛构成了一个美丽的童话世界！

享誉世界的风车

没有风车的荷兰是不可想象的。风车不仅仅激发了画家的创作灵感，还象征着荷兰人为了保护家园而做出的不懈斗争——荷兰人凭借着风车，竭尽全力阻挡着海水上涨。

在荷兰，金德代克小镇的风车最有名。小镇位于莱克河与诺德河交汇处，在历史上一直是洪水多发区。大约在1740年，为了让小镇免遭大海吞噬，人们建造了19座坚固的风车，组成了一个用于排水的系统。1997年，这个风车群被联合国教科文组织列入《世界遗产名录》。

从历史上看，被称为"低洼之国"的荷兰，一直深受水灾的困扰，直到今天，汹涌的海水也经常无情地把数千米长的堤坝冲垮。看来，荷兰人与大海的斗争还要继续下去。

荷兰三宝

木鞋、郁金香与风车,并称为"荷兰三宝"。

荷兰的土地十分潮湿,而木鞋最能防潮。荷兰木鞋取材于荷兰特有的一种坚硬且无花纹的杨树,用这种木头制作的鞋容易清洗、价格便宜。木鞋在荷兰已经有几百年的历史了。

郁金香是荷兰种植范围最广的花,也是荷兰的国花。它在荷兰人眼中象征着美好、庄严、华贵和成功。

走进梵高的世界

荷兰也是世界著名印象派画家梵高的故乡。梵高的绘画作品色彩对比强烈,色调明亮,表现方式极为大胆。

在荷兰的梵高美术馆里,收藏着梵高黄金时期最珍贵的200幅画作,还有梵高几乎全部的书信。《向日葵》《麦田群鸦》《黄房子》,以及他生命的最后一年中所创作的四幅油画,都可以在这里欣赏到原件。但并不是所有梵高的作品都收藏在这里——那幅无与伦比的《星月夜》就收藏在美国纽约现代艺术博物馆里。

欣赏着这些天才之作,走进它们背后的故事中,你或许可以感受到梵高坎坷的一生和执着的追求。

希腊：
奥运会的发源地

你知道世界上最早的奥林匹克运动会是在哪儿举办的吗？没错，就是希腊！希腊位于欧洲东南部的巴尔干半岛南端，它不仅是奥运会的发源地，还是民主制度、西方哲学、西方文学、历史学、政治学、科学与数学原理以及西方戏剧的发源地，其文明对世界历史具有很强的影响力。

希腊神话故事中的众神之王宙斯、天后赫拉、海神波塞冬、战争与智慧女神雅典娜、光明之神阿波罗等名字伴随了许多人的童年。为供奉雅典娜女神建造的帕提侬神庙至今仍高高地矗立在雅典卫城中。

而奥林匹克运动会的起源，也是从传说开始的。古希腊的伊利斯国王为了给女儿挑选一个文武双全的丈夫，提

出应选者必须与自己比赛战车。比赛中，先后有13个青年丧生于国王的长矛之下，而第14个青年正是宙斯的孙子、公主的心上人佩洛普斯。在爱情的鼓舞下，他勇敢地接受了国王的挑战，终于以智取胜。为了庆贺这一胜利，佩洛普斯与公主在奥林匹亚的宙斯庙前举行盛大的婚礼，宴会上安排了战车、角斗等项目的比赛，这就是最初的古代奥林匹克运动会。而"赤身运动"是古代奥林匹克运动会的一大特色，目的是展现肌肉的健美之态。

古代奥林匹克运动会每四年举办一次，从公元前776年起，到公元393年止，共举行了293届。后来，入侵希腊的罗马皇帝狄奥多西一世下令禁止举行比赛，奥林匹克运动会从此中断了约1500年，直到1892年，法国人顾拜旦发表"复兴奥林匹克"的演说。1896年夏季，第一届现代奥林匹克运动会在希腊首都雅典举行。之后的奥运会仍然是每四年举办一次，分别在不同的国家举办，参加者也不再限定为希腊人。

2008年8月8日，第29届夏季奥林匹克运动会在中国北京成功举办，北京奥委会凭借出色的组织能力获得了全世界的称赞。

马拉松跑的距离

相传,公元前490年,波斯人入侵希腊,最终希腊人凭借顽强的毅力在马拉松平原赢得了这场反侵略斗争的胜利。为了把这个胜利的消息尽快告诉雅典人民,希腊统帅派了一位善跑的士兵菲迪皮茨回城报信。一路上菲迪皮茨顾不上休息、喝水,一个劲儿地从马拉松镇往雅典的方向跑,当他跑回雅典城时,只说了一句"我们胜利了"就因疲劳过度而倒地身亡。

为了纪念这位士兵的英雄事迹,第一届现代奥运会上设立了马拉松这个比赛项目,并把当年菲迪皮茨所跑的路程——42.195千米作为马拉松项目的距离。

蓝白相间的世界

来到希腊的圣托里尼岛,第一眼你就会被它迷住:这里的海,无边无际,是那么的清透湛蓝;这里的天空,万里无云,是那么的纯净、蔚蓝。在这样海天一色的景象下,白色的海鸥在盘旋,点点白帆在浪里忽隐忽现。岛上还有一座座蓝顶白墙的房屋。难怪希腊的国旗是蓝白两色的,原来这就是圣托里尼岛上独属于希腊的极美颜色啊。

住在这样的房子里,早晨,你推开窗,闻着海风带来的清新空气,看太阳升起,看洁白的帆船静静地离开港湾,偶尔还会听到几声鸟鸣,这景象真是宁静而充满生机。

等到傍晚来临,你可以欣赏到全世界最美的日落——看着彩霞渐渐抹红了天际,天空变得色彩斑斓,海面也被映照得五颜六色的,连白色的房屋都蒙上了一层面纱,让人觉得仿佛进入了童话世界。

肥皂岛

在爱琴海上有一座名叫阿洛斯安塔利亚的小岛,岛上的居民从来不用买肥皂,他们需要洗衣服时,只要在地上抓一把泥土,加点水就能搓出许多泡沫。

科学家研究发现,该岛的土壤中含有大量类似肥皂成分的碱土金属盐,其功效不亚于肥皂。

瑞士：
充满趣味的洋葱节

世界上有个国家的人们很喜欢洋葱，它就是瑞士。每年11月第四个星期一，在瑞士首都伯尔尼市都要举行传统的"洋葱节"。

传说，很久以前，伯尔尼市曾发生了一场大火，烧毁了500多间房屋。灾后，伯尔尼市附近的农民们，纷纷赶来帮助城市居民开展灾后清理工作，重建家园。从此以后，伯尔尼市允许农民每年进城一次卖自家的农产品——特别是洋葱，以此表达谢意。之后，洋葱节慢慢形成了。

洋葱节对瑞士人来说，是仅次于圣诞节的大节日。节前，伯尔尼市附近的农民将洗净、晾干的各种农产品装在车上，第二天凌晨驱车运往伯尔尼市中心。城里

的各家食品店、饭馆、小吃店也在前一天打扫干净店面，准备好充足的洋葱、牛奶、香肠、牛肉等，等待着大批顾客的到来。

节日的早晨，上千个农产品摊位、上百个小吃亭都搭好了。摊位上除了各类农产品外，还摆放着形状、大小、颜色各不相同的洋葱。洋葱还被制作成形态各异的工艺品，有"洋葱娃娃""戴帽农妇"等，它们的造型生动有趣；而最受孩子们欢迎的要数动物造型的"洋葱玩偶"了，如"洋葱猪""洋葱猫"等。

洋葱节的高潮在上午10点钟左右，人们把首都的几个广场、几条主要街道挤得水泄不通，孩子们还会往人们头上抛撒彩色纸屑，以示祝福。饭馆、小吃店也忙着供应洋葱点心、洋葱香肠、洋葱沙拉以及洋葱牛肉汤等可口的洋葱食物，届时，到处都飘着浓浓的洋葱香味。直到晚上，洋葱节才宣告结束。

洋葱节是瑞士人的秋季集市，更是他们向往自然朴素的生活、对生命怀有敬畏之心的最佳诠释。

车站无人检票

瑞士的火车站都是开放式的，外面没有高高的围墙，也不设检票关卡。像苏黎世中央火车站这样的大火车站，车站的进口和出口都离公交站很近，两者之间畅通无阻。

瑞士的火车实行自行买票制。站台上都设有自动售票机，即买即乘——当然也可以在车站的售票处购买之后数小时内或数天内的车票。列车员都是在火车开动后才到车厢检票的，有时候他们索性不检票。如此"开放式"的检票制度下，买票全靠自觉，不过如果被抓到逃票将面临高额罚款。

厉行节俭

瑞士虽然是世界上最富有的国家之一，但瑞士人从小就被教育不能浪费食物，对粮食更是要珍惜。在瑞士的餐厅里，消费者即使花自己的钱也不能随意浪费食物，按需点餐才是人们追求的健康的消费方式。

老年服务生

在瑞士,餐厅里有很多老年服务生。这是因为瑞士有很多家庭式餐厅,餐厅的经营需要全家人共同努力。白天,年轻人去上班后,热情好客、耐心周到的老人便主动担负起一部分服务工作。

因为瑞士人口相对较少,劳动力不足,一些公司也愿意雇用老年人做服务性的工作,甚至愿意出高价雇用年龄较大的"正式工"。

为我所用

你知道吗?虽然瑞士手表很出名,但瑞士制表业的兴起全靠外援。公元16世纪末,法国宗教改革导致许多法国人逃亡到瑞士,其中许多是工匠,这给瑞士带来了制造钟表方面的人才和技术。瑞士将这种制造工艺和瑞士当地的金银首饰业相结合,形成了具有自己特色的制表业。瑞士手表很快也因机械制作精良、外形时尚美观享誉世界。

芬兰：
边开会边蒸桑拿

有关桑拿浴的起源有着多种说法，但普遍认为其起源于古罗马时期，当时人们使用木炭和火山石来获取热量，以达到强身健体的目的，这被认为是现代桑拿浴的雏形。桑拿浴作为芬兰文化的一部分，有着非常悠久的历史。考古发现，芬兰的桑拿浴历史，可以追溯到几千年前的原始时代。

在芬兰，桑拿浴又叫"萨乌那"。对芬兰人来说，桑拿浴就像空气和面包一样不可缺少。每个芬兰人从孩提时就依偎在母亲的怀抱里开始接受桑拿浴的熏蒸，当他们临终时，也要在"萨乌那"中做最后一次净身，干干净净地离开尘世。芬兰人有一种说法：去芬兰不洗桑拿浴，那就等于没去过芬兰。

芬兰的每一处私人住宅都配有桑拿浴室。城市旅馆大多有讲究的桑拿浴设备。在芬兰，主人请客人洗桑拿浴已成为一种重要的社交礼仪。

芬兰传统的洗桑拿浴的方式是：洗浴时先淋浴清洁，随即进入蒸汽浴室，用浸软的白桦树枝叶拍打身体，让血液流速加快，使皮肤毛孔尽量张开，这样能让汗水更顺畅地流出身体。出汗一段时间后,如果桑拿浴室正位于湖边,人们便索性跳入湖水或雪地上掘出的冰水池中,待身上的热气散去后,再回到蒸汽房拍打、出汗,接着又到水中冷却身体。几次下来,不仅人体内的污垢能够排出,而且全身得到了充分的放松,真是惬意极了!

桑拿浴在芬兰人的生活中十分重要。在"萨乌那"里,无论是达官贵人,还是普通百姓,人人都赤身坐在长木板上,这样更容易坦率地讨论事项、解决问题。就连芬兰的国会大厦里也有桑拿房。

如果你去芬兰旅行,一定要体验一下这种酣畅淋漓的洗浴方式。

更多想知道

圣诞老人村

芬兰的罗瓦涅米村，是一个真正的圣诞老人村。打扮成圣诞老人模样的老公公会坐在专门的办公室里，阅读全世界小朋友写来的许愿信。有时候，他们还会给其中的一些小朋友回信呢！

背夫人赛跑

每年7月，在芬兰松卡耶尔维小镇，都要举行传统而有趣的"背夫人赛跑"活动。这一天，参加比赛的人要背着妻子在总长约250米的障碍赛道上赛跑，他们需要跑过沙地，跨过障碍物，蹚过水池。获得第一名的夫妻可以得到丰厚的奖品。

全天都要开车灯

芬兰地处北欧，四分之一的地区位于北极圈内。根据芬兰特殊的地理位置和气候环境，芬兰人制定了一些与众不同的驾驶规则。在芬兰，不论白天还是黑夜，不论城市还是乡村，所有车辆在行驶时都必须打开车灯。因为全天开车灯可以提醒对面的车辆和行人，避免发生交通事故。

让城市变得冷清的节日

每年6月24日前后，是芬兰传统的仲夏节。这一天，人们都会驱车去郊外，参加仲夏节的聚会。

聚会的地点一般在海滨、湖畔或河边的丛林里。大家围坐在一起，畅谈人生，品尝可口的烤香肠，当然，还有不可缺少的啤酒。

入夜后，人们会聚拢在熊熊燃烧的篝火周围，跳舞唱歌，畅饮啤酒，此时到处都洋溢着欢乐的气氛。

丹麦：
小美人鱼的故乡

丹麦位于欧洲北部波罗的海至北海的出口处，是著名的童话王国。提起丹麦首都哥本哈根时，你首先会想到什么？啊，那一定是留存在我们童年记忆中的小美人鱼了！

小美人鱼是安徒生童话《海的女儿》中的主角，她是海王最小的女儿。一位王子所乘的船触礁沉没，她救了王子并爱上了他。但是王子却因误会，与别国的公主订了婚。故事中的小美人鱼最终变成泡沫，升入了天空。

为了纪念"童话大王"安徒生，丹麦雕塑家爱德华·艾瑞克森以故事中的美人鱼为蓝本，雕铸了一尊铜像。

童话里的小美人鱼变成了泡沫，但现实中的小美人鱼铜像已经在哥本哈

根长堤公园的岩石上坐了100多年,也许她仍然在等待王子的到来吧。

走近小美人鱼铜像,你会看到一个侧着面孔、神情忧郁、若有所思的"少女",也许,她正在为无法向王子诉说自己的痛苦而忧伤。小美人鱼的故事也成了童话中永远的经典。

100多年间,小美人鱼铜像唯一的出国经历,就是来到中国:2010年,第41届世界博览会在中国上海举办,丹麦派"特使"小美人鱼参加上海世博会。在此期间,每当夜幕降临,小美人鱼的中国之旅故事就会在丹麦馆的大屏幕上播放。

同样,丹麦人的生活也如安徒生的作品一样,充满了童话气息。这里的每家每户都爱养花种树,比如他们会种植会散发出阵阵香气的苹果、樱桃、玉兰、丁香和樱花。走在街头巷尾,你总是能闻见扑鼻的花香,听见清脆的鸟鸣,看见满眼的绿茵。

人在画中走

在丹麦,无论你走到哪里,都能感受到童话般的氛围和景观。丹麦的乡村美丽宁静,牛马在草地上悠闲地吃草。丹麦的城市里绿草如茵,花团锦簇,如果你是夏天来的话,说不定还会看到遍地郁金香的绚丽景色。

早晨的哥本哈根港也是一幅画。金色的阳光照着水面,港湾里停满了游艇和帆船,进出港的船只在平静的海面上划起一道道白色的浪花。港湾岸边一幢幢色彩艳丽的楼房紧紧相连,勾勒出一道别样的美景。

第一大岛

丹麦的格陵兰岛是世界上最大的岛屿。而最新的研究表明,它可能还是世界上最古老的岛屿。它的前身是海底大陆,在远古时期,由于大陆板块相互碰撞,逐渐形成了现在的格陵兰岛。格陵兰岛的面积虽然很大,却人烟稀少,这是因为岛上大部分地区被冰雪覆盖,不太适合人类居住。当然，人迹罕至并不代表着没有生命——格陵兰岛的冰天雪地阻挡了人类，却成了北极动物们的乐园。你如果来到这里，很有可能会遇到在此安家的北极熊、北极狐、北极兔，甚至可能遇到驯鹿和旅鼠。

"猫行道"

在丹麦过人行横道时，人们会发现在人行道指示牌下，还有一个画着猫的指示牌，旨在提醒司机经过路口时不仅要顾及人的安危，还要给动物让行。

这个看似滑稽的指示牌，却体现了当地人淳朴善良的性格，以及对动物生存权的保护和对生命的尊重。

诺贝尔奖

丹麦全国总人口不到600万，但这里已诞生了许多位诺贝尔奖的获得者，丹麦在生物学、环境学、气象学、免疫学等方面处于世界领先地位。而这一切要归功于丹麦发达的教育体系及良好的学习环境，丹麦是世界上人均借阅图书量最多的国家之一。

奥地利：
世界艺术之都

维也纳是奥地利的首都，也是世界著名的艺术之城。漫步在维也纳的街头，你可以看到到处都充满着艺术气息——就连垃圾场也是如此。

在市中心也能修建垃圾场吗？垃圾场也可以成为旅游景点吗？维也纳会让你知道什么叫"化腐朽为神奇"。

站在维也纳皇家宫殿美泉宫里，向北眺望，你会看到一栋彩绘大楼，其独特的风格会让人以为这是奥地利著名艺术家百水先生的公寓。不过，只对了一半，它的确出自百水先生之手，实际上却是一座不能住人的垃圾焚烧厂。

这栋彩绘大楼是施比特劳垃圾焚烧厂。它就像一座用积木搭成的房子，墙面由形状各异的几何图形构成，色彩斑斓，宛如

一座童话城堡。无论你从哪个角度望去,整座建筑看起来都似乎是东倒西歪的,造型非常独特。

垃圾焚烧厂那高耸入云的大烟囱顶着一个巨大的金球。厂房的外立面画着一些不规则的"窗户",而真正的窗户镶嵌在色彩斑斓的红苹果、蓝剪刀等卡通图案之中,使原本呆板的玻璃窗变得生动起来。

这个童话城堡般的垃圾焚烧厂担负着处理维也纳三分之一的垃圾的重任。它同时是一个发电厂,焚烧垃圾产生的热能可以用于发电,其发出的电能可供19万户家庭使用。

"维也纳街头是由艺术包装的,而其他城市则是由公路包装的。"这是一位艺术家对维也纳的赞美。

维也纳真是名副其实的艺术之都!

蓝色多瑙河

多瑙河是欧洲著名的河流之一。它是一条美丽的大河，奥地利作曲家小约翰·施特劳斯创作的世界名曲《蓝色多瑙河》，表达了奥地利人对它的赞美与热爱。

多瑙河发源于德国西南部的黑林山地区，向东流经奥地利、斯洛伐克、匈牙利、克罗地亚、塞尔维亚、保加利亚、罗马尼亚、乌克兰等国家，最后注入黑海。多瑙河全长2850千米，流域面积为81.7万平方千米，是欧洲第二大河，仅次于伏尔加河。

音乐之都

提起奥地利首都维也纳，人们很容易联想到海顿、莫扎特、贝多芬、舒伯特、小约翰·施特劳斯等音乐大师。海顿的《弦乐四重奏》，莫扎特的《费加罗的婚礼》，贝多芬的《命运交响曲》《田园交响曲》《月光奏鸣曲》《英雄交响曲》，舒伯特的《天鹅之歌》《冬之旅》，小约翰·施特劳斯的《蓝色多瑙河》《维也纳森林的故事》等著名乐曲，都是在这里诞生的。

漫步在维也纳市区，你会看见一座座音乐家雕像。许多街道、公园、剧院、会议厅等，也都是用世界著名音乐家的名字命名的。维也纳是一座古老的皇家城市，也是现代的艺术中心，更是许多艺术家的理想之城。

"鸽子"越多越可口

在奥地利，人们用"鸽子"作为餐馆的星级标志。"鸽子"越多，餐馆就越高级，四只"鸽子"的餐馆为最高等级"四星级"。这听起来是不是很有趣呢？如果你以后去奥地利旅行，也可以试着找一家"鸽子"餐厅享用美食。

马耳他：
石头像豆腐

马耳他是一个位于欧洲南部的地中海岛国，由5个岛屿组成，面积约316平方千米。在这里有一种比世界上任何金银珠宝都更加重要、更加伟大的国家宝藏——有"豆腐石头"之称的马耳他石灰岩。

这是一种很特别的石灰岩，刚开采出来的时候非常软，用指甲轻轻一划，就能划出一道深深的痕迹。用一把最普通的木工刨子，就能把一大块石灰岩刨成光滑的圆柱体或笔直的方块——马耳他石灰岩简直像豆腐一样，能让人随意切割成块。

更神奇的是，这种"豆腐石头"只要暴露在空气中一段

时间，就会变得非常坚硬，即使用大铁锤砸它，也很难将它砸裂。正因如此，当世界上很多民族还住在简陋的茅草屋里时，古马耳他人已经住进了宽敞牢固的石头房屋。

不仅如此，马耳他人还依靠这种石灰岩保卫了自己的国家：公元16世纪，强大的外敌入侵，企图征服这个小岛国，但在战争中，敌人刚费尽九牛二虎之力摧毁一座堡垒，马耳他人就能像搭积木一样很快用"豆腐石头"重建一座堡垒。敌军气得吹胡子瞪眼，却无计可施，最终，累得筋疲力尽，只得灰溜溜地撤军了。

"豆腐"变磐石

其实,"豆腐石头"由软变硬的道理很简单:马耳他石灰岩中氢氧化钙的含量极高,氢氧化钙遇上空气里的二氧化碳,就会生成坚硬的碳酸钙,于是"豆腐"就变成了坚不可摧的磐石。

宏伟的地下宫殿

马耳他的哈尔·萨夫列尼地下宫殿有"史前圣地"之称。这座地下宫殿约建于公元前3200年至前2900年间,是新石器时代的古人类在地下12米深处的岩石中挖凿而成的。整座地宫面积达500平方米,包括38间石屋,设有储粮室、储水室、神谕室等。而古人类能在这么深的地方挖出如此宏伟的建筑,也跟马耳他石灰岩的"豆腐"特性有关。

别看马耳他的国土面积只有316平方千米,考古发现:早在公元前4000年左右的新石器时代,马耳他群岛就已经有人类居住,这些人创造了极其灿烂的古文明。

致命的"天敌"

马耳他石灰岩不害怕尖兵利器,甚至炸弹火药,却最害怕水的侵蚀。在马耳他岛,有无数被海水"雕塑"得千姿百态的钟乳石、溶洞,它们就是马耳他石灰岩害怕水的最好例证了。

地中海"好莱坞"

别看马耳他面积小,这里可是好莱坞大导演们喜爱的取景地呢。《慕尼黑惨案》《角斗士》《特洛伊》《大力水手》《达·芬奇密码》《末日之战》以及《权力的游戏》等知名度较高的电影、电视剧都在马耳他取过景!

马耳他政府也在积极推进各类电影拍摄计划,希望通过电影产业提升马耳他的知名度。

美国：
最后的那一颗星

你知道美国国旗上一共有多少颗星吗？聪明的你可能会毫不犹豫地回答："一共有50颗星星！"显然，你的答案是正确的。这些星星代表着美国的50个州，那你知道最后一颗星代表哪里吗？

它代表的就是太平洋中的一串火山岛——夏威夷群岛。

公元4世纪左右，古老的波利尼西亚人乘着独木舟在茫茫太平洋中漂荡，他们发现了这一串小岛，便在此定居下来。后来不断有移民迁居到这里，并在这里建立了王国。直到1959年，它成为美国的最后一个州，也是美国唯一的群岛州。

夏威夷位居太平洋的"十

字路口",是亚洲、美洲和大洋洲之间的海、空运输枢纽,具有重要的战略地位。

夏威夷有洒满日光的海景,有热情欢快的部族群舞,有美丽静谧的海滨步道,有恢宏壮阔的火山地质奇观。美国大作家马克·吐温曾深情地说:"世界上没有任何一个地方像夏威夷那样让我迷恋,它是大洋中最美的岛,是停泊在海洋中最可爱的岛屿舰队。"

如果将夏威夷比作一个美丽的姑娘,那绵长的海岸线是她优美的身段,繁花和绿草是她浓密的头发,珊瑚、贝壳是她身上的点缀,怪石和巨崖令她充满神秘感。

不过你可别只看见她的美,其实这"姑娘"的脾气可不小!夏威夷群岛属于典型的火山岛,岛上的活火山时不时地会打一下"喷嚏"。行走在夏威夷火山国家公园里,游客们可以看到基拉韦厄火山、冒纳罗亚火山等火山的活动,可以直面岩浆的灼热,感受自然的巨大力量。

"老人河"——密西西比河

密西西比河是北美洲最长的河流,也是世界第四长河。如果从密西西比河最大的支流——密苏里河的源头雷德罗克湖算起,则密西西比河全长6262千米,美国三分之一以上的领土受它的滋养。它沿途集千川、汇百流,最后奔腾着注入墨西哥湾。

最早的国家公园

黄石国家公园是美国景观最为奇特的国家公园,同时也是世界上建立时间最早的国家公园。

在黄石国家公园里,你可以欣赏到终年白雪皑皑的山峰、壮丽深邃的高地湖泊、优美恬静的山谷溪流……而黄石国家公园最吸引人的,还是它分布范围广阔的地热景观:公园中的温泉、间歇泉星罗棋布。间歇泉会定时喷发,把大量滚烫的水和蒸汽抛向空中,十分壮观。

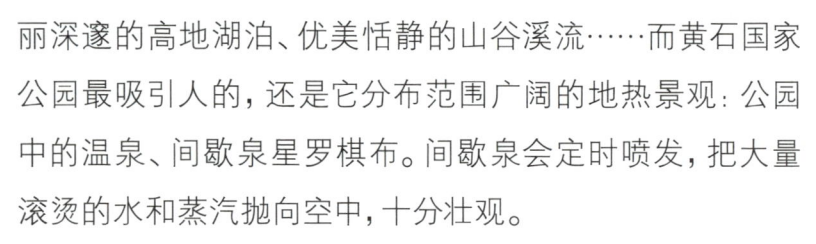

黄石国家公园不仅有得天独厚的自然景观,也是野生动植物的天堂,它被誉为"地球上最独一无二的神奇乐园"。

博物馆最多的国家之一

美国是全世界博物馆最多的国家之一,拥有各类博物馆大约500个。在美国,有国家级的博物馆,如首都华盛顿有十几个国家级的博物馆;有各州的博物馆和各城市的博物馆,如纽约是"世界博物馆之都",其中最著名的是大都会艺术博物馆;还有大学的博物馆,如著名的哈佛大学就有包含艺术、文化、自然历史等内容的多个博物馆。美国的博物馆几乎遍布国家的每一个角落。

奇怪的姓氏

美国是一个名副其实的移民国家,各色人种带来了许多稀奇古怪、五花八门的姓氏,美国人的姓氏之杂居全球之冠。例如,有人姓"苹果"(Apple),有人姓"大米"(Rice),还有人姓"咳嗽"(Cough)、"狼"(Wolf)、"毒药"(Poison)。

病人去医院就诊时,若不小心碰上了"屠夫"(Slaughter)大夫、"杀戮者医生"(Dr·Killman),病人大概会吓得浑身发抖、拔腿就跑吧。

巴西：
美丽而疯狂的城市

有一个传说：上帝在创造世界时，第一天创造了白天和黑夜；第二天创造了天空、云和空气；第三天创造了陆地、山峦和植物；第四天创造了太阳、月亮和星星；第五天，上帝觉得世界似乎太过安静，于是又创造了鱼和鸟；第六天他又创造出其他一些陆地生物，还有人——亚当；到了第七天，上帝已经很累了，所以他决定休息一下。

但是，上帝在第七天真的休息了吗？在巴西的传说中，有一个地方，被称为"上帝第七天建造的城市"，你知道它是哪儿吗？这座城市就是巴西的里约热内卢。

传说，在16世纪，一位葡萄牙航海家发现了它，他误以为这儿是一条河流的入海口，随口称它"一月之河"，音译成中文就是"里约热内卢"。

正如"一月之河"这个美丽的名字一样，里约热内卢是一个充满诗情画意的地方，它美丽的海滩举

世闻名。无论什么时候，海滩上到处是来此散步、踢球、沐浴阳光和到海中冲浪的人们。所以，有人说上帝把创世第七天定为"安息日"，想找一个风景秀丽的地方休息，便在那一天建造了里约热内卢。

这儿不仅自然风光美丽迷人，也是世界上"最疯狂"的城市，它被誉为"狂欢节之都"，也是著名的"足球之都"。

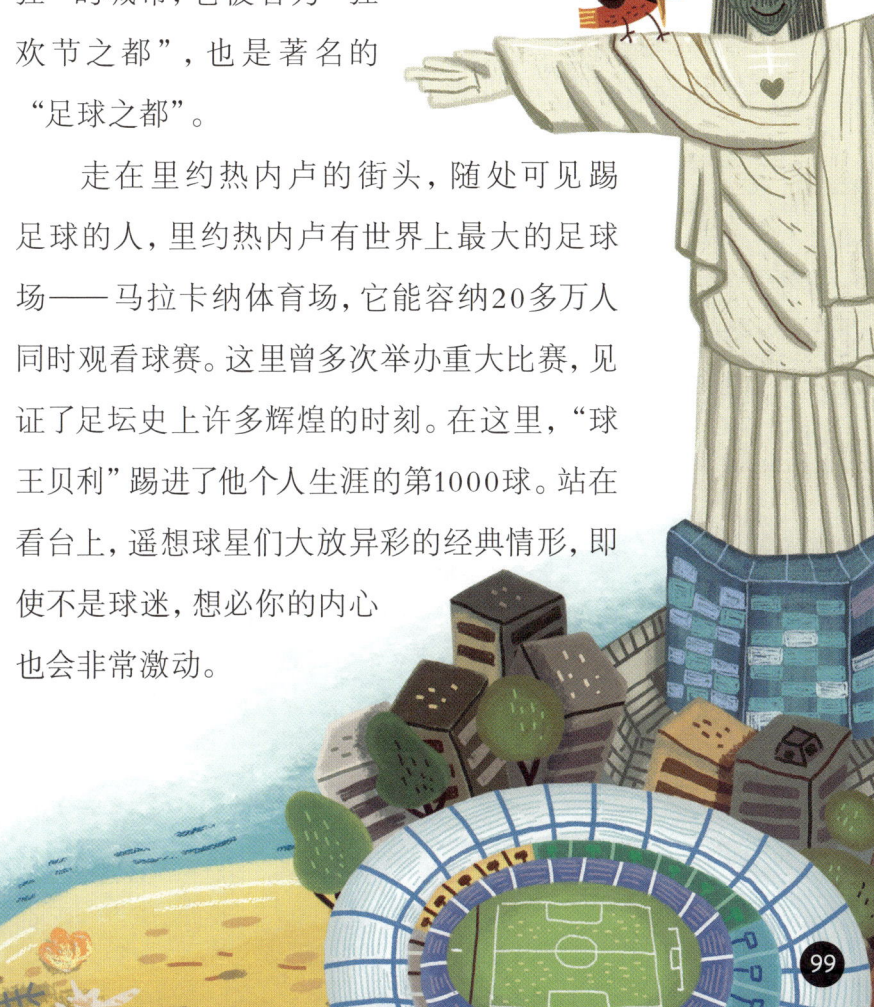

走在里约热内卢的街头，随处可见踢足球的人，里约热内卢有世界上最大的足球场——马拉卡纳体育场，它能容纳20多万人同时观看球赛。这里曾多次举办重大比赛，见证了足坛史上许多辉煌的时刻。在这里，"球王贝利"踢进了他个人生涯的第1000球。站在看台上，遥想球星们大放异彩的经典情形，即使不是球迷，想必你的内心也会非常激动。

激情狂欢节

在巴西,有久负盛名的"里约热内卢狂欢节"。盛会期间,人们不分肤色种族、贫富贵贱,都涌上街头;男女老少个个浓妆艳抹,唱歌跳舞,尽情狂欢。

盛大的"桑巴舞游行"是狂欢节的高潮,大型彩车簇拥着"国王"和"王后"来开路,身材火辣的桑巴女郎身着艳丽的服饰,与男舞者大跳热情奔放的桑巴舞,把现场的气氛带动到最高点。在这种氛围下,即使再内敛害羞的游客也会情不自禁地加入狂欢的人群之中。如果有机会来到巴西参加这一盛会,相信这充满激情的节日一定会让你流连忘返。

亚马孙热带雨林

亚马孙流域的热带雨林横跨巴西(占森林面积的60%)、哥伦比亚、秘鲁、委内瑞拉、厄瓜多尔、玻利维亚、圭亚那及苏里南8个国家,是世界上最大的热带雨林,有

"生物科学家的天堂"和"地球之肺"的美称。

在亚马孙热带雨林里,有许多高达60多米的大树,你站在树下根本看不到天空。因为照不到阳光,树下的土地光秃秃的,只覆盖着一层腐烂的树叶。但如果树底下有水,那情况就完全不同了:各种各样的植物,如葛藤、兰花等争着攀附在树枝上生长。树上还栖息着猴子、树懒、蜂鸟、金刚鹦鹉等各种各样的动物,充满了生机。

飞机城

巴西首都巴西利亚又被称为"飞机城",因为它的城市布局从空中看就像一架飞机。1956年,巴西政府决定在此建立新首都,并在全国范围内举行了一次大规模的"城市设计比赛"。在这次比赛中,巴西建筑师卢西奥·科斯塔的"飞机"方案获得了第一名并被采用。

虽然建造的过程耗资巨大,但是建造的速度飞快,不到4年的时间,巴西就把海拔1100米、一片荒凉的中部高原建成了一座现代化的新城市,不能不说是一个奇迹!

智利：
满是"巨人像"的小岛

1722年，荷兰航海家雅各布·洛加文率领舰队在海上探险，他们在南太平洋海域漂泊了数月，终于在茫茫海水中看见了一个"绿点"。然而当时的海图上并未标明这一海区有任何陆地，洛加文怀着激动的心情命令船只驶往那里。这个"绿点"的确是一个当时尚未记载在海图上的岛屿，洛加文慎重地用墨笔在海图上记下了这一个点。因为这一天正好是西方的复活节，洛加文便以"复活节"作为这个岛的名字。

但其实，在洛加文之前，英国航海家戴维斯已于1686年登上过这个小岛，他发现这里一片荒凉却竖立着许多巨大的石像，便把这个岛称为"悲惨与奇怪的土地"。不过他的发现并不为人所知，直到洛加文率队登上

了岸,小岛才引起了世界的关注。

　　岛上耸立着600多尊巨大的石雕半身人像,它们或卧于山野荒坡,或躺倒在海滩边。石像大多成排矗立在海边的石砌人工平台上,有的面向大海,昂首远视。这些无腿的半身石像造型生动,它们有着高鼻梁、深眼窝、长耳朵、翘嘴巴,双手放在肚子上,一般高3～6米。这些石像中比较大的一尊高约10米,重约82吨。那么,这些石像是谁雕刻的?为什么要雕刻它们?石像究竟是怎样被搬运和整齐地摆放在海边的呢?

　　1744年,英国航海家库克推测这些石像是人们为了纪念已经去世的统治者或首领而建的。而岛上的原住民拉帕努伊人称这些石像为"摩艾"(Moai),他们将这些石像视作自己的祖先。

　　一直以来,岛上的石像群吸引着世界各地的专家学者前来考察研究。

更多想知道

"地球的肚脐"之谜

"复活节岛"这个名称是西方发现者命名的,岛在被发现时已经有人居住,当地人称它为"拉帕努伊",意思是"地球的肚脐"。

据说,一开始人们并不理解为什么会有这个叫法,直到后来飞机上的人们在高空俯瞰时,才发现这座小岛确实像一个小小的"肚脐"。

难道古代的岛民也曾从高空中俯视过自己的岛屿吗?若是如此,他们又是凭借什么力量上升到高空中的呢?这又是一个未解之谜。

阿空加瓜山

阿空加瓜山,绰号"美洲巨人",海拔为6961米,是南美洲第一高峰,也是公认的西半球与南半球的最高峰。阿空加瓜山地处安第斯山脉南部,位于阿根廷境内,邻近智利边界。1897年,登山家首次登顶成功。

阿塔卡马沙漠

阿塔卡马沙漠是智利北部的沙漠，因其极端干燥的气候和独特的地貌而闻名，有"世界旱极"之称。这片沙漠拥有壮观的自然景观，如色彩斑斓的山脉、盐湖和间歇泉。其安托法加斯塔一带的地质近似于火星表面，因此美国国家航空和航天局使用该地区来模拟火星环境，以测试火星探测器。

智利的港口城市安托法加斯塔，因为既紧邻碧波荡漾的太平洋，又处于干旱酷热的阿塔卡马沙漠中，而被称为"一半海水，一半火焰"的城市。

会"说话"的木板

在复活节岛的石像附近，曾经发现许多奇特的木板，这些木板两边有用鲨鱼牙或坚硬的石头刻的方形图案，如鱼、鸟、草木和船桨等，也有一些几何图形。人们称它们为"会说话的木板"。最终，这些木板仅有25块保存了下来，并被世界各地的著名博物馆争相收藏，但是，木板上的图案究竟想表达什么，至今人们还没有揭开其中的奥秘。

墨西哥：
玛雅人曾经居住的地方

曾经创造了灿烂文明的玛雅人已不复存在，但玛雅人留下的恢宏的帕伦克古城为浪漫的墨西哥又增添了一抹亮色。那么和我们一起来揭开被誉为"美洲的雅典"的帕伦克古城的神秘面纱吧！

帕伦克古城遗址坐落在墨西哥恰帕斯州北部，是最早被发现的玛雅遗址。在帕伦克古城中，最引人注目的是首次被发现的玛雅文明的金字塔式台庙。

它是公元615年—公元683年间，帕伦克的统治者巴加尔王的墓。陵墓建在梯形的土台上，墓室中央摆着一口石棺，棺盖就重达5吨，墓室里非常潮湿，但刻在石棺上的精美浮雕，仍保存得很好。石棺中，国王的脸上戴着一个玉片面具，他的身上堆满各种珍贵的玉器，还戴着无数的护符和

手镯。这些发现对深入研究玛雅文明具有重大意义。

帕伦克的主要建筑是1座宫殿和5座神庙，人们把这些建筑分别称为帕伦克宫、太阳神庙、狮子神庙等。帕伦克宫的一角有一座高耸的塔楼，被称为"天文观测塔"，塔楼共4层，高15米，是玛雅建筑中非常独特的塔楼式建筑。宫殿内部有风格华丽、制作技巧精湛的壁画和浮雕装饰，那些浮雕上刻画着一个个王朝的传奇故事。

深厚的文化、神圣的殿宇、豪华的建筑，为墨西哥这样的现代国家增添了一番别致的风韵。

1987年，独特又神秘的帕伦克古城和国家公园作为文化遗产被列入《世界遗产名录》。

仙人掌节

在全世界1000多种仙人掌中，生长在墨西哥的就有500多种，因此墨西哥也被称为"仙人掌之国"。

每年8月，墨西哥人都要欢度他们特有的节日——"仙人掌节"。

在节日期间，街头小摊林立，小摊上摆放着各种仙人掌食品：有用仙人掌汁做成的饮料，也有用仙人掌果实做成的糖果。商品琳琅满目，应有尽有。同时，市场上还展出有各种以仙人掌为原料制作的洗涤剂等生活用品。仙人掌的用途真多啊！

壁画之都

墨西哥城是墨西哥的首都，是一个气候温和的"春城"。这座城市有绮丽的自然风光，如火山、湖泊、雪峰等，吸引了大量游客来此观光。然而真正使墨西哥城闻名世界的却是壁画——这里被誉为"壁画之都"。

妙笔传神的画面,在城市的建筑物上随处可见。其中,在墨西哥国立自治大学的中心图书馆入口处约4000平方米的外墙上,有一幅用彩色小玻璃镶嵌而成的巨幅壁画。壁画内容展现了哥白尼发现日心学说并与地心学说斗争的过程,表现了为科学发展与人类进步而学习和奋斗的主题。

五花八门的小费

如果你来到墨西哥,你会发现这里收小费的理由真是五花八门。吃饭需要给服务员小费,住酒店需要给帮你运送行李的服务员小费,停车需要给小费,超市结账需要给小费,就连上厕所也需要给卫生间的保洁员小费。

如果你要去墨西哥朋友家做客的话,千万别忘了给看门人小费,临走时还得给朋友家的保姆一点儿小费。否则下次上门可能就要看别人的脸色了。

哥伦比亚：
蚂蚁也可口

在中国的云南、贵州等地区，有的民族有着吃虫子的习俗，他们可以把蝗虫等昆虫以及蚕蛹烹饪成可口的菜肴，而在哥伦比亚也有这样一道虫子美食。

烹制这道美食时，你会听到"噼里啪啦"的声音，好像在做爆米花一样。当你闭上眼睛慢慢咀嚼时，会感到它香脆可口，甚至还带点儿汁水；当你大口大口地吞咽这道美食时，会感到似乎有"细腿儿"挂在你的嗓子眼儿上。这时你就会想："这东西还真够特别的！"不错，这道特别的大餐就是哥伦比亚烤蚂蚁！

在哥伦比亚的桑坦德人眼里，蚂蚁就像爆米花、坚果仁一样可口，是令人垂涎欲滴的美味，哥伦比亚人食用的蚂蚁可不是我们在路边看到的那种小蚂蚁，而是一种屁股十分肥大的蚂蚁——"大臀部蚁"。

当地人认为"大臀部蚁"含有丰富的蛋白质和多种氨基酸，是一种天然的滋补佳品。因此，一些

性急的人干脆直接生吃它们,以达到治疗疾病、强身健体的目的。

　　桑坦德人收获蚂蚁的季节,多选在每年4月至6月的雨季。雨后的早晨,温暖的阳光照耀大地,这时候,背插薄翅、后面拖着个大屁股的蚂蚁纷纷从洞穴里爬出来,准备好好地在阳光下舒展一下筋骨。可它们还没来得及和太阳打个招呼,就被人发现了。面对这样的美食,桑坦德人像食蚁兽一样四处出击,对这些仓皇逃窜的小东西穷追不舍。

　　兵蚁用剪刀状的嘴狂蛰猛咬敌人,保护着蚁后的安全;但桑坦德人为了收获更多的蚂蚁,什么痛也顾不上了,一股脑儿就把所有的蚂蚁抓进口袋里,准备回去好好享用一顿大餐。

　　近年来,越来越多的人认识到了这种蚂蚁的营养价值,在哥伦比亚首都波哥大的许多餐厅里,都可以见到点蚂蚁美食的人。

黑白狂欢节

每年的12月28日到次年的1月6日,是哥伦比亚的"黑白狂欢节"。从12月28日开始,人们会在家里以及街道上洒水,以除旧迎新的姿态拉开狂欢节的序幕。而狂欢节的高潮在最后几天:1月5日是"黑人日",大街小巷到处都是提着颜料桶的青年,他们拦住行人,在他们的脸上涂抹黑色的颜料;1月6日是"白人日",人们又用白色的颜料相互涂抹;节日的最后一天会有巨型花车游行,人们载歌载舞,体现了包容开放的狂欢主题。2009年,"黑白狂欢节"被联合国教科文组织列入《人类非物质文化遗产代表作名录》。

缝在衣服上的"钱"

哥伦比亚的查尔瓦族,至今仍在使用一种特殊的"钱币"。这种"钱币"是由部落首领用一种不易褪色的青汁水画在他们宽大的白色罩袍上的。

首领根据成员在部落中的贡献大小，在每个人的衣服上画出一定数量的方格，写上"钱币"的价值。使用时，只要将衣服上的"钱币"剪下即可，而收钱的人则将剪下的方格布缝在自己的白色罩袍上。当罩袍被剪得不能再穿时，就将剩下的"钱币"缝到新袍子上。这听起来是不是很有趣？

会搭"床"的鸟

哥伦比亚有一种"米利鸟"，它小如麻雀，嘴巴尖尖的、弯弯的，像一只钩子，尾羽上有圆环状物。

米利鸟喜欢群居。每天晚上先由一只小鸟把它的尾巴上的圆环套在大树的树杈上，然后小鸟用嘴钩住另一只小鸟尾巴上的圆环，就这样一只钩住一只，最末的小鸟钩住另一棵大树。这就是米利鸟搭起的"吊床"。

埃及：
连接三大洲的运河

古埃及文明华丽而令人惊艳，"永眠"的法老、神秘的金字塔为后世留下了宝贵的文化遗产。今天我们要沿着埃及的苏伊士运河，去这个古老的国度找寻与众不同的历史印迹。

苏伊士运河贯通苏伊士地峡，沟通地中海和红海，是欧、亚、非三大洲海上国际贸易的通道。运河通航后，从北大西洋沿岸各国到印度洋之间的航程比绕行非洲好望角的航程缩短了5500～8000千米。在世界上适用于海运的人工运河中，苏伊士运河之重要度凭借其使用国家之众、过往船只之多、货运量之大而名列前茅。马克思也将其称为"通往东方的伟大航道"。

苏伊士运河的开凿历史要追溯到古埃及第十二王朝。当时，人们从尼罗河支流上的宰加济格附近经大苦湖、小苦湖到苏伊士开凿了一条间接沟通地中海与红海的古苏伊士运河，这条运河后因泥沙淤积失修而废弃。

1854年，法国实业家雷赛布主持运河开凿工程。1856年，他所在的公司取得运河建成后使用99年的权利。1869年11月，苏伊士运河竣工通航。1956年，埃及政府将运河收归国有。

苏伊士运河是埃及经济的"生命线"。2015年8月6日，新苏伊士运河贸易工作正式开通。埃及政府计划未来沿苏伊士运河建设"苏伊士运河走廊经济带"，包括修建公路、机场、港口等基础设施等，可以为埃及带来极高的经济收益。

苏伊士运河丰富的自然资源、适宜的气候条件、产生的良好的经济效益为埃及这个古老的国家减缓了战争的冲击，注入了新的希望。

尼罗河

尼罗河全长6670千米,是世界上最长的河流。尼罗河孕育了伟大的古埃及文明,河畔古迹遍布,人文活动极其丰富。每年尼罗河河水泛滥之际,埃及人都要举行隆重的庆祝活动,感谢尼罗河赐予他们的恩典,这就是尼罗河泛滥节。

尼罗河泛滥节起源于一个古老的传说:女神的丈夫意外死去,她悲痛欲绝,泪水如暴雨般洒落到尼罗河里,尼罗河河水顿时漫出河岸,淹没了岸边的大片沙地。人们为了安慰女神便又唱又跳,终于感动了女神,使她破涕为笑,最后女神的眼泪滋润了大地,使到处生机勃发、五谷丰登。

于是每年的6月17日前后,当尼罗河河水开始变绿、出现泛滥的征兆时,人们便会举行祭祀活动。

8月,当河水漫过河床堤坝淹没土地的时候,人们还要欢庆一番,庆祝泛滥的河水为两岸的田地带来沃土,使庄稼得以丰收。

对黄金情有独钟

一提到埃及,你一定会联想到金字塔。虽然金字塔不是金子做的,但是埃及人对黄金真的是情有独钟。

埃及人对黄金首饰的喜爱之情可追溯到几千年前的法老时代。那时,人们喜欢用各种漂亮的石头打扮自己。后来,埃及人掌握了金属冶炼技术,提取出了纯度较高的黄金,黄金首饰就成了最好的装饰品。

现在,埃及妇女除了在头部和颈部佩戴金饰外,还会同时佩戴金手镯或金手链,以展示别具一格的审美特色。

缺少鼻子的雕像

著名的狮身人面像是古埃及文明的标志。从它诞生以来,已经受几千年的风吹日晒,它的一些重要部位早已不翼而飞,然而最令人不解的是,它的鼻子到底去哪儿了?

关于这个问题有很多说法:有人说是拿破仑军队侵略埃及时用炮弹轰掉了它的鼻子,有人说鼻子是被中世纪时的一名朝圣者砸坏的……但鼻子失踪的真正原因至今没有定论。

埃塞俄比亚：
没有门牌号码

每户人家都有自己的门牌号码，这是再普通不过的事，但位于非洲东北部的埃塞俄比亚却与众不同，它是一个没有门牌号码的国家。

埃塞俄比亚没有门牌号码，即使是首都亚的斯亚贝巴也不例外。这里所有的地址都是以著名建筑物、风景区或众所周知的地点来做标志的，比如一家新开张的公司要在报纸上登广告的话，它的地址会写：某某大街，某某对面，与某物相邻。有时候，如果周围没有标志性建筑物，那找起地方来可就没那么容易了！你可能会收到一份请柬，上面只写着"某某路"。那你就只能沿着这条路从头到尾地找了。在埃塞俄比亚，任何一条路都至少有2000米，要是运气不好的话，可能走完几千米路才能找到你想去的地方。

因为没有门牌号码,埃塞俄比亚的邮局自然也没有投递员。想要看报,你只能自己去街上买;要想通信,那只能到邮局租用一个信箱,自己去开箱取信。首都亚的斯亚贝巴的邮局有几千个信箱,而有些地方的邮局的信箱只有两三百个,这些信箱基本上都由政府机关、单位或富有者租用。

不过对埃塞俄比亚的很多家庭来说,他们世世代代都没有通过邮局寄出或收到过一封信,他们的大脑中也根本没有"邮寄"的概念。在当地人看来,如果要同亲人、朋友通消息,最可靠的办法就是直接见面。

如今,随着互联网的发展以及科技的不断进步,人们可以通过网络进行交流,世界的距离越来越短,而埃塞俄比亚人的生活也随之发生了翻天覆地的变化。

一年有13个月

"一年享受13个月的阳光"是埃塞俄比亚独特生活的真实写照。按埃塞俄比亚仍然在使用的"儒略历"计,埃塞俄比亚一年的确有13个月,前12个月每月是30天。第13个月平年是5天,闰年是6天。"13个月都阳光普照的国家"已成为埃塞俄比亚的旅游宣传口号。

独石教堂

在埃塞俄比亚的一个古老的小山城拉利贝拉,有从岩石中开凿出来的教堂群。这些教堂是12—13世纪初建造的,5000多名能工巧匠,花了整整30年才建造好这些教堂。

这里的教堂有11座,每一座都是用五六层楼高的整块岩石凿成的,所以有"独石教堂"的称号。教堂在建造过程中,未用任何灰浆或黏土黏合剂,整个石头的建筑是那样的浑然一体,令人称奇叫绝。这11座教堂之间,由地下通道和岩洞相连,形成了一个完整的艺术体。

黄金温泉

2014年9月,新西兰摄影师在埃塞俄比亚发现了世界上最"华丽"的温泉——"黄金温泉"。但实际上这是一座硫黄温泉,而且该温泉的水面低于海平面,水中盐分极高。受盐及其他矿物质的影响,温泉呈现出鲜亮的颜色。

农牧之国

农牧业是埃塞俄比亚的支柱产业。埃塞俄比亚是畜牧业大国,适牧地约占国土面积的一半以上,畜牧业以传统放牧为主。在埃塞俄比亚的畜牧业中,养牛业占据着重要的地位,牲畜存栏总数居非洲之首,另外牛肉也是埃塞俄比亚人喜爱的肉食。

埃塞俄比亚生命线

埃塞俄比亚的交通运输以公路运输为主。公路以首都为中心,呈放射状通向全国主要城市和邻国。

由中国帮助修建的亚的斯亚贝巴至吉布提的跨国铁路,是全国唯一的一条铁路,也是最重要的对外联系通道,因此这条铁路有"埃塞俄比亚生命线"之称。

南非：
进公园要签"生死状"

南非地处南半球，位于非洲大陆的最南端，有"彩虹之国"的美称。

在南非，野生动物保护区可以说是星罗棋布，大大小小的野生动物保护区有几百个之多。在100多年前，当人类为了生存或金钱大量捕杀野生动物时，南非就做出了保护动物的壮举，建成了南非最大的野生动物保护公园，那就是著名的克格鲁国家公园。

克格鲁国家公园是世界上最大的野生动物园之一。园内动物种类繁多，其中有许多濒临灭绝的珍稀动物。白天，这里是大象、狒狒、羚羊等动物的天堂；下午五点以后，这里就是"豺狼虎豹"的活动场所了。

要想进园探寻这里的动物的话，每个游客都必须

签一张"生死状",不然会被拒之门外。

这究竟是怎么回事呢?答案就在公园入口处的标示牌上写着:"这里是动物的天堂,从现在开始,你必须乖乖待在车笼里;如果你随意打开车窗或者胆敢下车的话,一切后果自负。"

因为担心一些胆大的冒失鬼会干出危险的事情,从而危及自身的生命,所以公园让每位游客事先签署"生死状"以示警告。

在正式进入公园之前,游客还得熟记许多注意事项,如不许开车窗,车要加满油,不许穿短裤等。还有最重要的一条:不准在车的后备厢里存放食物。这是因为公园很大,游览花费的时间较长,为了防止游客饥饿时贸然下车取食物,从而遇到危险,公园的管理人员才制定了这些规则。

更多想知道

三个首都

世界上大多数国家只有一个首都,但也有少数国家有多个首都。如南非就拥有三个首都,它们分别是立法首都开普敦、司法首都布隆方丹、行政首都比勒陀利亚。

古老的陨石坑

南非的弗里德堡陨石坑可能是世界上最大的清晰可见的陨石坑。该陨石大约于20亿年前坠入地球,世界各地的科学家们纷纷来到这里,寻找生命起源的线索。

盛产金刚石

南非是世界五大金刚石生产国之一,金刚石产量居世界第5位。

金刚石俗称钻石,南非出产过很多人类历史上著名的钻石,如像成年男子拳头那么大的"库里南"钻石。

这块大钻石被切割成了"大非洲之星"和"第二非洲之星"等钻石。金刚石贸易也使南非成为非洲大陆经济最发达、开放程度较高的国家。

南非企鹅

别以为只有南极才有企鹅，来到开普敦，你也能看见成群的企鹅。南极的帝企鹅身材高大（身高一般在90厘米以上，最高可达120厘米），背部纯黑，肚皮全白，极富贵族气质，也被称为"皇帝企鹅"。而南非企鹅体形小了不少，也灵活了不少，颜色是黑白相间的。这种企鹅的学名是斑嘴环企鹅。

树洞酒吧

在南非约翰内斯堡北部，有一个名为"阳光地带"的农场。

农场里有一棵巨大的猴面包树，需要几十个成年人张开胳膊才能将它环抱住。于是农场主人突发奇想，在树干中间开了一间小酒吧。酒吧里各种设施一应俱全，吸引了许多人前来一探究竟。

尼日利亚：
独特的祖玛岩

在2010年举办的上海世界博览会上，尼日利亚国家馆的外墙就是模仿祖玛岩而建的，墙体坚如磐石又不失本国风情，让所有参观者眼前一亮。

祖玛岩是位于尼日利亚阿布贾北部的一块巨大单独岩石，被称作"阿布贾的门户"，也是阿布贾的标志景点。祖玛岩从地面突起725米，由于它突兀地矗立在一片平地上，因而被形象地称为"飞来石"。

远观祖玛岩，你会觉得它好像一头巨大的非洲象；近看它，你又会发现，这座岩石的正面，似乎有一张人脸正深情地望着你。

在正午阳光的照耀下，岩石表面看起来好像布满了黑色的条纹，极具艺术感。在落日余晖中，你才会发觉这些条纹竟然都是分布在岩石上的植被，是大自然创造了这美丽

迷人的艺术。

祖玛岩坐落于阿布贾郊区，这里人口稀少，空气新鲜，景色秀丽。祖玛岩周围草木郁郁葱葱，岩石本身的深褐色与草木的苍翠相互映衬。

不知经历了多少年的风霜，祖玛岩傲然屹立，看尽了这片土地的兴衰变迁。尼日利亚人非常珍爱这块巨石，他们相信祖玛岩护佑着周围的村落和居民，于是这块巨石不但被视作阿布贾的"镇市之宝"，还被印在尼日利亚的货币"奈拉"之上。

以胖为美

尼日利亚东南部的伊博族姑娘曾经"以胖为美"。当地人认为只有胖乎乎的女人才能成为一位贤惠的妻子、体贴入微的母亲。

姑娘出嫁前,会被安排住进一间单独的房子里,除了姑娘的母亲,任何人不得进入房间。在此期间,为了维持"好身材",姑娘每天的任务就是吃掉母亲定时送来的大量食物。经过一段时间只吃不动的生活后,姑娘的身材就像吹气球似的越来越丰满,成了"最美丽"的新娘。

不过随着时代的发展,这种传统审美正在被摒弃。

黑非文化摇篮

尼日利亚早在2000多年前就有了比较发达的文化,享有"黑非文化摇篮"的美誉。1986年,尼日利亚著名小说家、诗人和戏剧家沃尔·索因卡获诺贝尔文学奖,他是第一位获此殊荣的撒哈拉以南非洲文学家。尼日利亚雕刻流派包括诺克雕刻、伊费雕刻、贝宁雕刻,它们是非洲雕刻艺术的精粹,有着极高的艺术价值。

会送信的猴子

在尼日利亚的贝喀萨地区,有时能看到一些背上系着竹筒、臂上扎着黄色布条的猴子,它们就是"邮猴"。

这种猴子本性善良,非常孝顺母猴。在一般情况下,它们是终年不离开母猴的。当地居民掌握了这种猴子的特性,就将幼猴和母猴一起捕来,过一段时间后,把幼猴迁居到另外一个地方,给幼猴背上信件,放出门去,它就会回到母猴那里。这样训练一段时间后,"邮猴"就会形成习惯,即使母猴不在邮件目的地,它们也能每天按时来回走一趟。

非洲威尼斯

拉各斯是尼日利亚最大的港口城市,它面临太平洋,又与贝宁的水道相连,这里滨海临湖,蓝天绿树,渔鸥翱翔,素有"非洲威尼斯"之称。

加纳：凳子是个宝

在加纳，人们对凳子有着特殊的情感。加纳人把世代相传的凳子视作祖先神灵的寄居地，他们认为生者可通过凳子与祖先交流。因此，许多传统家庭都会供奉祖传的凳子，并定期奉上美酒佳肴，虔诚地向凳子祈祷，祈求保佑家族兴旺、平安。

另外，凳子也是除灾祈福的吉祥物和装点居室的装饰品。在日常生活中，加纳人还会把凳子当作嫁娶贺礼和馈赠亲友的珍贵礼物。

凳子也是酋长权力的象征。加纳虽实行总统共和制，但其农村地区依然沿袭着酋长制。加纳有100多个部落酋长，他们在民间享有很高的威望，而凳子也象征着他们的权力和尊贵的身份。新任酋长就职被称为"坐上凳子"，酋长退位或遭到

废黜则叫作"离开凳子""失去凳子",而酋长掌握的部落土地也被称作"凳子土地"。

加纳人与凳子的不解之缘源自一个当地广泛流传的故事。传说17世纪末,加纳诸部落与登基拉国对抗,在奥赛·图图的领导下,各个部落逐渐整合成阿散蒂部落联邦。有一天,阿散蒂各部落正在举行盛大的集会,突然间天昏地暗,一张呈"工"字形的金凳子从天而降,缓缓落在奥赛·图图的膝上。大祭司立刻宣布,阿散蒂王国受权于天,这张金凳子是天神所赐,将赐给阿散蒂王国伟大的力量和无畏的精神,因此人们应该永远忠于金凳子的保管人——阿散蒂国王奥赛·图图。

凳子具有如此丰富的文化内涵,也因此成为加纳民族文化的象征。后来,凳子还成了加纳特有的外交赠礼。中加建交以来,加纳赠予我国的国礼中就有几只大小不等、装饰不同的凳子。

阿布里植物园

1890年开放的阿布里植物园是加纳的旅游胜地,其得天独厚的自然条件使它成为加纳最幽静美丽的地方。

阿布里植物园占地64.8公顷,它就像一个世外桃源,吸引着众多游客来此解压、消遣。被都市快节奏生活压得喘不过气的人们,在这里会享受到前所未有的闲适和安逸。

悲惨历史的见证

公元17—19世纪,加纳成了殖民者眼中的"黄金海岸",但对加纳人来说,却是可怕的"奴隶海岸"。在加纳长500多千米的海岸线上,就建有几十座奴隶堡。其中规模最大、保存最完好的是埃尔米纳奴隶堡,它是殖民者掠夺非洲的见证,残存的遗迹向人们诉说着殖民者的罪恶。

黄金之国

加纳在其鼎盛时期是一个拥有众多番邦的帝国,帝国以盛产黄金著称。当时帝国的法律规定,一盎司(约28.35克)以上的天然金块归国王所有,但金砂可以自由买卖。黄金的生产和贸易促进了当时帝国的繁荣,国王和他的大臣们也因此过着奢侈的生活。在宫廷里,不仅国王及大臣的衣服上缀有贵重的金饰,连卫士手中的宝剑、盾牌也镶有黄金,真无愧于"黄金之国"的称号。

新年新气象

1月1日是加纳的新年,在新年里,即使相互争吵过的人,也要不念旧恶、言归于好。有的人会通过高声喊叫,把一年来郁积在心头的话都说出来,以求在新年里有新的开始;有的人会高声说出自己一年来遇到的幸事,让大家可以分享其中的快乐。

新年庆祝活动通常伴随着音乐和舞蹈,展现出加纳人对生活的热爱和对未来的美好期待。

摩洛哥：
餐餐不离茶

提起茶叶，你一定会想到中国。传说神农氏尝百草时发现了茶叶，从那时候起，中国人就有了饮茶的习惯。

其实在世界上还有一个国家，那里的人们同中国人一样也离不开茶，你知道它是哪个国家吗？这个爱好饮茶的国家就是位于非洲西北部的摩洛哥。

什么？非洲？那儿可是沙漠呀，也能长出茶叶吗？你心中也许会冒出这样的疑问。的确，摩洛哥虽然饮茶之风盛行，却并不产茶，那儿的茶叶大都来自遥远的中国，茶从中国通过丝绸之路传入摩洛哥。

摩洛哥饮茶之风相当盛行，而且摩洛哥人饮茶很讲究排场，可以说饮茶已成为摩洛哥文化的一部分。

如果你有幸去摩洛哥人的家里做客，刚进门，一股浓

郁的香味便扑鼻而来,在清茶的香味中似乎还有薄荷的味道——摩洛哥人喜欢用放有薄荷叶的茶水招待亲朋好友,他们认为这是最高的礼节。

摩洛哥人可以一日不吃饭,但是不能一日不喝茶。摩洛哥人习惯喝完茶再吃早饭,他们一天要喝四五次茶,而且喝茶量很大。在节日宴会或社会活动中,他们也要喝加了白糖和薄荷叶的茶,当地人称之为"甜茶",有时候宾客间还可以用甜茶代替酒互相敬贺。

摩洛哥人喝茶的习俗已经流传了几个世纪,那里的人们习惯以喝茶帮助消化、缓解疲劳、振奋精神。

不仅如此,摩洛哥茶具也是闻名世界的珍贵艺术品。一套讲究的摩洛哥茶具包括尖嘴的茶壶、雕有花纹的大铜盘、香炉形状的糖缸、长嘴大肚子的茶杯等,茶具上面都刻有富有民族特色的图案,赏心悦目,风格独特。

这里的山羊会爬树

你见过会上树的山羊吗？摩洛哥就有这样的山羊。其实，山羊爬树是为了吃坚果树的果实，每到坚果成熟的季节，农夫会将一群山羊赶到坚果树下，让它们爬上树。

农夫这么做并不是想要一睹山羊爬树的奇观，而是希望收集树上的坚果：坚果被山羊吞食后，其中的果壳无法被消化，会随着山羊的粪便排出体外；农夫会将山羊的粪便收集起来，清理出粪便中的坚果，取出果仁。这种坚果仁非常珍贵，榨的油可以用来烹饪和美容。

哈桑二世清真寺

卡萨布兰卡是摩洛哥最大的城市。在卡萨布兰卡市内有一座醒目的200米高的雄伟建筑，它就是哈桑二世清真寺。

1993年完工的这座清真寺，寺内可容纳2万人，而寺外宽阔的广场上可容纳8万人，也就是说，共有10万人可以在这里同时做礼拜。哈桑二世清真寺被认为是阿拉伯建筑史上最好的作品之一。

世界遗产

非斯是摩洛哥北部的古都和圣城。其中的麦地纳老城区是摩洛哥最早的阿拉伯人聚居地；马拉喀什是摩洛哥几个王朝的都城；北部城市梅克内斯拥有众多古罗马时代的文物古迹。这三座古城先后作为文化遗产被联合国教科文组织列入《世界遗产名录》。

爱泡澡

摩洛哥人无论男女都爱泡澡。过去，摩洛哥澡堂曾是男人们谈生意、议论政局的场所，也是女人们谈婚论嫁、决定终身大事的地方。如今，曾经简陋的"摩式澡堂"早已变成现代化的洗浴服务中心。而摩洛哥澡堂拥有的独特文化历史、人文风情，正吸引着越来越多的游客来此体验。

塞舌尔：
生物"伊甸园"

塞舌尔是非洲最小的国家，它孤悬在印度洋上，西距肯尼亚的蒙巴萨港1593千米，距印度2813千米。特殊的地理环境造就了特殊的生物种群，这里成了游客和生物学家向往的"伊甸园"。

塞舌尔是印度洋野生生物的庇护所，这里一半以上的岛屿仍处于原始状态，野生动物种群繁多，尤以飞禽为甚，岛上的鸟类有100多种。

塞舌尔的"鸟岛"，面积小得大概只有七八个足球场那么大，但碧绿海水环抱着的这座小岛，凭借其得天独厚的生存环境，吸引了十多种珍贵稀有的鸟类在此生活。每年10月到次年2月，岛上都有大量迁徙而来的飞禽走兽，十分壮观。岛上的海滩边还立有牌子，告诉所有来到这里的人："这里只属于鸟类，你只是鸟儿们的客人，请尊重主人的生活习惯!"

塞舌尔的"国宝"海椰子,更是植物世界里的"坚果之最"。每颗海椰子平均重达10～20千克,最重的可达30千克,捣开海椰子坚硬的外壳,里面是稠胶状的果浆,醇香扑鼻、清凉解渴,果浆既是酿酒的上等原料,也是治疗中风的良药。

海椰子树分为雌雄两种。雄树高挺,雌树娇小,它们的生长速度都极为缓慢,一棵树从幼年长到成年需要约25年的时间。雄树每次只开一朵花,花长1米有余。雌树结出的果实要等上七八年才能成熟。海椰子的树龄可达120年。

更有趣的是,在塞舌尔的一些公共厕所门口,竟然以雄雌海椰子果的图形来区别男厕、女厕,真是令人忍俊不禁。

由于在环境保护方面成绩突出,塞舌尔享有"鸟类学的奇迹""贝类学者的天堂"等美称。

更多想知道

最纯净的海水

曾有位酷爱旅游的人说过:"假如一年中只有一天值得情侣们挥金如土,那这个日子一定是情人节。假如要为这个节日选择一个地方,那这个地方一定是塞舌尔。"

塞舌尔风光秀丽,气候宜人,素有"旅游者天堂"之称。它的海滩令人惊喜,沙是粉状的,细腻程度举世罕见,赤脚走在海滩上就像踩在面粉上一样柔软舒服。

塞舌尔的第一大岛——马埃岛,有着世界一流的天然浴场。那里海滩宽阔平坦,水清沙白,是享受海水浴、日光浴、风浴和沙浴的理想地方。

当潜入美丽的海底,五彩缤纷的珊瑚和五光十色的鱼儿环绕在你周围,你会感到仿佛进入了一个美丽的世外桃源。

纯净的海水、美丽的海底风景,再加上细腻的沙滩,难怪塞舌尔被人们认为是最接近天堂的岛国。

遍地都是蛋的季节

　　鸟岛上栖息着各种各样的鸟,最多的是成群结队的燕鸥。每年5月～10月,会有许多燕鸥在这里栖息、交配、繁衍后代。但燕鸥不是这里的常住居民,它们产下大量的鸟蛋后,就远走高飞了。这时的鸟岛,到处都是鸟蛋,因此又被称作"蛋岛"。

第二大陆龟

　　塞舌尔有一个著名的"龟岛"。岛上生活着一种陆龟——亚达伯拉象龟,这种龟是世界上第二大陆龟。雄象龟背甲长约1.3米,平均重约250千克;雌象龟背甲长约0.9米,平均重约150千克。虽然体形大,亚达伯拉象龟的生存状况却不容乐观,它们已被列入《世界自然保护联盟濒危物种红色名录》,属易危物种,需要人类更多的保护。

澳大利亚：
美丽的海底花园

假如人类的眼睛具有显微镜的功能，那么我们看到的世界会是什么样子？你一定会很高兴——因为如果真是这样的话，就算没人帮忙，外婆也能把线穿进小小的针眼里了。

其实，在世界上还有千万种比针眼还小的生物，我们的眼睛看不见它们。如果人类的眼睛真的具有了显微镜的功能，我们就会惊奇地发现，这些微小的生物朋友在不知不觉中正创造着无数的奇迹。不信？那就一起去看看由它们创造的"世界奇观"——大堡礁吧！

大堡礁位于澳大利亚大陆东北部沿岸，它就像一座守卫着陆地的堡垒。你可能难以想象，这个伟大工程的建造

者却是一群小不点儿——珊瑚虫！

在这些微小生命的"居所"附近，有许多随海水漂来的浮游生物和碎屑，小小的珊瑚虫用它们纤细的"手指"吸食这些可口的"食物"，并以此为生。它们死后，骨骼化为礁石，而新的珊瑚虫则附着在这些礁石上继续"攀登"。就这样，一代又一代的珊瑚虫逐渐将身体化为礁石，最终，无数的微小生命构成了大堡礁这座"海底花园"。

直到300多年前的某一天，这座由珊瑚礁构成的海底"古堡"才被人们发现。现在，大堡礁上稍大一点儿的岛屿已经积累了深厚的土层，岛上椰树成林；水底下的世界则更为奇妙，五彩缤纷的珊瑚、五颜六色的鱼儿让你目不暇接。大堡礁堪称地球上最美的"装饰品"之一，它像一颗闪着天蓝色、靛蓝色和纯白色光芒的明珠，即使在天空中也可以清晰地看见它。因为大堡礁迷人的景色，所以它被人们称为"美丽的海底花园"，来这儿游玩的人总是络绎不绝。

粉红色的湖

希利尔湖位于澳大利亚勒谢什群岛的中岛上,椭圆形的湖面呈现出粉红的色泽,有人将它形容为一块蛋糕上的糖霜,为岛上茂密的森林增添了几分别样的情致。

1950年,一批科学家对湖水呈粉红色的原因展开了调查。他们认为湖水中应该存在一种水藻,在含碱量很高的湖水中,这种水藻会产生红色素,使得湖水变红。但后来的研究发现这种猜想是错误的。

2015年,研究人员通过对上层及下层湖水的采样分析,认为希利尔湖之所以呈粉红色,是由一种红色细菌引起的。

为鸟儿让路

在澳大利亚的布鲁尼岛,一些鸟儿的翅膀短小,飞翔能力差,很多时候只能靠双脚活动。时间一长,它们便在一些地方踩出了"鸟路"。但是岛上车辆来来往

往，常常有大批鸟儿葬身于车轮之下。

于是，人们在"鸟路"与道路交会的地方设立路标，要求司机减速，为鸟儿让路。

美丽的心形礁

在澳大利亚的大堡礁，有一块礁石是所有游客最希望到达的地方，它就是著名的心形礁。在空中俯瞰，它的形状是天然的心形，再加上大堡礁周围那清澈蔚蓝的海水，使该处的景色更是美丽得无与伦比。

巨大的岩石

在澳大利亚有一块硕大无比的艾尔斯岩。它矗立在荒凉的平原上，距地面高度约348米，底部周长约9.4千米。

艾尔斯岩的奇特之处在于它会每天很有规律地变换着自己的色彩：旭日东升时，呈浅红色；中午时，呈橙色；夕阳西沉时，则会从赭红色变为橙红色，再变为暗红色。这一奇景每年吸引着大批游客前来观看。

新西兰：
友好的碰鼻礼

　　新西兰是位于太平洋西南部的一个岛屿国家，首都为惠灵顿。新西兰风景极其优美，每一个到过这里的人都会深深地迷醉其中。新西兰主要由两大岛屿组成，即北岛和南岛。新西兰距离澳大利亚东海岸约1500千米，与南太平洋群岛的新喀里多尼亚、汤加和斐济相隔约1000千米。

　　特殊的地理位置使得新西兰成为最后几个被人类聚居的地区之一，新西兰也由此发展出与众不同的民俗风情。

　　新西兰的原住民毛利人就是一个十分有趣的民族。毛利人热情好客，有非常讲究的礼节。

毛利人表示友好的方式相当特别，既不是中国式的握手，也不是英美式的拥抱和亲吻，而是采用"碰鼻子"的方式。每当有客人来访，部落中跑得最快的一个人，就会飞奔着来到客人面前，不停地挥舞手中的剑和长矛，并做出各种鬼脸。妇女们则边喊边跳"哈卡舞"，热情奔放。最后，由部落中德高望重的老人出面，和客人行毛利人传统的最高礼仪——"碰鼻礼"。

　　主人与客人必须鼻尖对着鼻尖连续碰触两次或更多次。碰鼻的次数与时间长短往往标志着礼遇规格的高低：相碰次数越多，时间越长，说明礼遇越高。

　　所以，当毛利人与你碰鼻子时，你一定要用鼻子亲热地与之"相吻"。否则，主人就会非常生气，认为你没有礼貌，不尊重他们。

更多想知道

羊比人多

新西兰一半以上的国土适合放牧,因此新西兰牛羊的数量也十分惊人。虽然比起鼎盛时期拥有的7000万只绵羊,如今新西兰绵羊的数量已大大下降,但新西兰绵羊的数量仍然约为人口数量的5倍。

新西兰出产的羊毛是世界公认的上等品,每年为新西兰带来巨额的外汇收入。如果你去新西兰旅游,可能经常会看到剪羊毛比赛。在新西兰,游客也可以亲自动手体验剪羊毛的乐趣。

闪闪发光的洞穴

在新西兰有个怀托摩洞穴,它的主要洞穴有怀托摩萤火虫洞、鲁阿库里洞和阿拉努伊洞。

其中怀托摩萤火虫洞内有地下河同洞外相通。人们乘舟沿河而下,经过低矮的岩穴通道,进入一个大洞,只见洞中"繁星"闪烁,熠熠生辉,如入梦境。原来,洞的穹顶、岩壁上满布着新西兰萤火虫,成千上万只萤火虫的尾部闪着绿色的光,倒映在平静的水面上,真是美丽极了。

帆船之都

新西兰第一大港口城市奥克兰,是世界著名的"帆船之都",更是全世界居民拥有私人船只比例最高的城市。

在这里,随处可见帆船林立的壮观场面。每逢假日,这里的人们会带着野炊用具和冰啤酒,成群结队地奔向附近的海滩,然后数以千计的帆船一同出海,场面十分壮观。

帆船运动可以说由来已久,美洲杯帆船赛更是与奥林匹克运动会、世界杯足球赛以及世界一级方程式锦标赛一起,被称为"世界范围内最具影响力的四项传统体育赛事"。

图书在版编目（CIP）数据

带着你去好好玩儿 / 张康编绘．－－杭州：浙江人民美术出版社，2024.10
（奇妙知识面对面）
ISBN 978-7-5751-0083-0

Ⅰ．①带… Ⅱ．①张… Ⅲ．①科学知识-青少年读物 Ⅳ．① Z228.2

中国国家版本馆 CIP 数据核字（2024）第 006493 号

策划编辑	褚潮歌	责任校对	董　玥
责任编辑	杜　瑜	整体设计	米家文化
责任印制	陈柏荣		

奇妙知识面对面
带着你去好好玩儿
张康　编绘

浙江人民美术出版社出版·发行
杭州市环城北路177号
电话：0571-85174821　经销：全国各地新华书店
制版：杭州米家文化创意有限公司　印刷：浙江新华数码印务有限公司
开本：889mm×1194mm　1/32　印张：4.875　字数：90千字
版次：2024年10月第1版　印次：2024年10月第1次印刷
ISBN 978-7-5751-0083-0　　　定价：35.00元

（如有印装质量问题，影响阅读，请与出版社营销部联系调换。）